KB196036

캔들
차트
사용
설명서

거래의 신이 전수하는 매매의 기술

캔들차트 사용설명서

High
Open
Real Body
Close
Low

High
Close
Real Body
Open
Low

오자와 미노루 지음

이정환 옮김 | 황인환(황Q) 감수

차례

제1부
투자자 심리를 알아야
사이클이 보인다

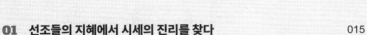

제 2 부

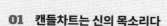

캔들차트 하나만
제대로 알아도 된다

시장에서 승리하는
캔들차트 읽는 법

차트(Chart)는 본래 해도(海圖)를 가리키는 단어였다. 즉, 선박이 항해하기 위해 필요한 다양한 정보(수심, 조류, 해안선 등)를 기재한, 바다와 관련된 지도다. 일찍이 유럽이 대항해시대를 맞이했을 무렵, 항해사(navigator)는 선주에게 보물 같은 존재였다. 드넓은 바다 한가운데에서 목숨을 걸고 키를 조종하는 그들의 항해기술에 따라 막대한 부를 얻을 수도 있지만 반대로 크게 망할 수도 있었기 때문이다.

그중에는 오랜 세월 동안 감각에만 의존해 항해를 하는 사람이나 선박의 성능에 전적으로 의존하는 자, 또는 선장들만 끌어모은 선박 등도 있었는데 대부분은 좋은 성과를 올리지 못했다.

정말 우수한 항해사는 탁월한 기술, 그동안 쌓은 경험을 바탕으로 정밀하고 치밀하게 설계된 선박까지 대여받을 수 있었다. 게다가 결코 간과할 수 없는 정보도 있었다. 그들은 항상 신뢰할 만한 해도, 즉 차트를 가지고 있었다.

우리가 주식시장이라는 혼란스럽고 거친 바다를 항해할 때 필요한 것은 항로를 정확하게 가리키는 '보다 우수한 차트'와 그것을 '자유자재로 사용하기 위한 기술'이다.

일본에서는 차트의 기원을 에도시대 쌀 시장에서 찾을 수 있다. 당시 차트는 쌀이 거래된 가격의 추이를 확인하는 매우 단순한 모양이었다. 품종개량 기술 등이 거의 없었던 당시 쌀 수확량은 기후에 의해 크게 좌우되었다. 해마다 풍작, 흉작이 달랐기 때문에 선견지명이 있던 상인은 풍작일 때에 낮은 가격으로 쌀을 구입해서 저장했다가 흉작인 해에 비싼 가격으로 팔아 큰 부를 축적했다. 시간이 흘러 그런 상인들이 증가하면서 거래를 할 때 흥정도 하는 등 쌀시장은 점차 확대되었고 동시에 시세를 읽는 도구가 필요하게 되었다.

이 책에서 다룬 캔들차트는 이런 흐름을 타고 메이지시대(明治時代, 1868~1912)에 시작되었으며 지금은 보편적인 차트 분석 기술 중의 하나가 되었다. 한편, 현재 주식 투자가 활발하게 이루어지고 있는 미국에서조차 찰스 다우(Charles Henry Dow)에 의해 차트가 발명된 것은 1800년대 후반이었다. 차트에 관한 서적은 지금까지 다양한 종류가 발간되었다. 종류도 다양해서 모든 차트에 관해

기본적인 내용을 쉽게 소개한 것부터 전문가조차 이해하기 어려울 정도로 복잡한 것까지 그야말로 풍부하다.

그러나 이 책은 캔들차트에 관련한 정보만 압축했다. 캔들차트는 매도자와 매수자의 세력 관계, 시장에 존재하는 포지션의 수급 균형, 재료(주가 등락의 원인이 되는 사건) 출현 이후 시세의 반응 정도 등이 응축된 것일 뿐 아니라 투자자의 심리 변화를 가장 단적으로 표현하는 보기 드문 차트이기 때문이다.

덧붙여, 이 책의 주요 주제인 '어떻게 하면 다른 투자자보다 빠르게 매매를 실행하고 이익을 극대화할 수 있는가?'를 이루려면 투자자의 행동을 심리적 측면에서 분석해야 하며 그렇게 하기 위한 객관적인 접근 방법으로서 캔들차트가 가장 적합하다고 생각하기 때문이다.

이 책은 처음 시장을 대하는 분은 물론이고 보다 전문적으로 거래 기술 향상을 원하는 분까지 폭넓은 층을 대상으로 삼기 때문에 독자들에게 가장 친숙한 주식시장에 중점을 두고 해설한다. 그러나 실제로는 차트의 특성상 모든 시세에 즉시 활용할 수 있는 내용으로 이루어져 있다. 환율이나 선물 등에서 캔들을 활용하고 싶은 분은 '주식'을 그 거래 대상들로 치환해서 읽어주시면 좋겠다.

이 책은 4부로 구성되어 있다.

제1부에서는 시세의 성쇠(사이클)를 투자자의 심리나 행동과 연

계해서 살펴보았다. 투자자들은 왜 시세의 천장 가까이에서 대량의 매수 주문을 넣고 바닥 근처에서 대량의 매도를 하는 경향이 있을까? 이를 이해하기 위해 다양한 캔들차트 모델을 이용해서 분석, 그 요인을 규명하는 시도를 했다.

제2부에서는 캔들차트의 기본 형태를 해설한다. 제3부에서는 캔들차트를 바탕으로, 시세가 움직이는 세계에서 '성투 그룹'에 들어가기 위한 기술적인 비결을 소개했다. 마지막으로 제4부에서는 투자자의 심리와 행동, 앞으로의 시세 동향 암시 등, 시세의 핵심이 높은 밀도로 응축되어 있는 캔들차트의 복합선을 시세의 사이클을 따라 소개하면서 그 하나하나에 상세한 해설을 첨가했다.

특히 투자자의 미묘한 심리 상태를 바탕으로 움직이는 매매 행위가 그 후의 시세 형성에 얼마나 크게 작용하는가를 알아보고 더 깊이 핵심을 찔러 차트 이해를 높일 수 있는 내용으로 꾸몄다. 이 책이 독자 여러분에게 정말로 유익한 내비게이터가 될 수 있기를 바란다.

일러두기

본 도서에 나오는 기업명은 원서 출간 당시의 기업명으로 기재되어 있으며, 병기된 원어는
증권시장에서 사용되는 약칭으로 표기되어 있습니다.

갭 상승(Gap Up, 갭 업)과 갭 다운(Gap Down, 갭 하락)은 병기되어 사용됩니다.

제1부

투자자
심리를
알아야
사이클이
보인다

+

성공하기 위해서는

투자의 성질, 특징, 습성 등을 철저히 알아낸 후

절호의 매수 시점인 바닥 시세에 사고

절호의 매도 시점인 천장 시세에 팔며,

절호의 시점이 올 때까지 인내심을 가지고 기다려야 합니다.

이 시기를 알려면 지식, 사고력, 선견지명,

판단력, 인내심, 실행력 등을 길러야 합니다.

— 혼마 무네히사(本間宗久, 캔들차트의 창시자)

CHAPTER 01

선조들의 지혜에서
시세의 진리를 찾다

투자자들의 심리가
시세 변동을 만든다

"강세장은 비관 속에서 태어나, 회의 속에서 자라며, 낙관 속에서 성숙하고, 행복 속에서 죽는다."

주식시장을 비롯해, 시세와 관련된 투자 세계에서는 이런 격언이 즐겨 사용된다. 과거의 경험을 바탕으로 탄생한 이런 표현에는 선조들의 지혜가 응축되어 있어 시세에 관한 진리를 찾을 수 있기 때문이다.

시세는 정치, 경제, 국제정세 등 다양한 요인에 의해 움직인다. 이런 요인들이 투자자에게 심리적인 영향을 끼쳐 다음 행동을 재촉하면 수급 균형에 불균형이 발생하고 주식 등의 가격이 오르내린다. 그리고 그 오르내리는 움직임이 다른 투자자의 심리상태나 투자 행동을 더욱 변화시킨다. 시세는 이처럼 순환적인 구조를 갖추고 있다.

한편, 시장에 존재하는 수많은 매수자와 매도자는 아무런 생각 없이 단순하게 매매를 하는 것이 아니라 항상 (손실의 최소화를 포함한) 이익의 극대화를 염두에 두고 행동한다. 즉, 매수자는 더 낮은 가격에 주식 등을 매수하려 하고 매도자는 더 높은 가격에 매도를 하려 한다. 매수자와 매도자의 이런 생각의 차이가 시장의 수요와 공급의 균형을 늘 불안정하게 만들며 시세의 변동을 유발한다.

캔들차트를 이용해
투자자 심리를 먼저 읽는다

앞에서 소개한 격언 이외에 시세와 관련해 다양한 전문가들이 시장에 관한 명언들을 남겨 두었다.

"밀짚모자는 겨울에 사라."

"주식시장은 참을성 없는 사람에게서 인내심 있는 사람에게 돈을 옮기는 시장이다."

"모두가 공포에 잠식해 있을 때 사고, 모두가 탐욕스러울 때 팔아라.”

　이미 깨달았겠지만, 지혜가 집대성된 시세와 관련된 격언에는 시세의 등락과 투자자의 심리 사이에 시간적인 차이가 있다는 점과 매매 타이밍에 관해 주의를 환기시키는 의도가 감추어져 있다. 그렇다면 왜 이런 내용들이 특히 강조되는 것일까.

　시세의 세계는 언뜻 '낮은 가격에 사서 높은 가격에 판다(BLASH, Buy Low and Sell High)', '높은 가격에 매도하고 낮은 가격에 매수한다'는 매우 단순한 행동이 요구되는 것처럼 보인다. 하지만 실제로는 심리적인 동요 때문에 매매 기회를 놓치는 경우도 많다. 여기에 '시세에서 승리를 거두는 성공 투자 그룹'에 들어가기 위한 비결이 숨겨져 있다.

　매매를 잘하고 못하는 것은 수익에 커다란 차이를 낳는데 그중에서도 결정적인 요소는 기회를 포착한 매매를 할 수 있는지 여부다. 대부분의 투자자가 절호의 타이밍을 놓쳐버리는 타임 갭(시간차)✦에 빠져 있다면 이를 극복해 다른 투자자에 앞서 행동하고 수익을 늘릴 수 있기 때문이다. 이때 투자자의 심리와 매매 타이밍을 가르쳐주는 '선조의 지혜'를 잘만 이용한다면 당연히 더 나은 결과

✦ **타임 갭** 움직임이 지체되었다는 뜻으로 쓰였지만, 투자자가 확인하는 지표에는 리딩(Leading)과 래깅(Lagging)이 있으므로, 오른 뒤 (확인하고) 매수하거나, 내린 뒤 (확인하고) 매도한다는 의미로 사용되었다.

를 얻을 수 있다.

이런 타임 갭은 투자자들 본인의 심리(주로 이익 추구에 관한 끝없는 욕망)가 만들어내는 것이 아닐까. 이 책에서는 시세의 성쇠(사이클)와 투자자의 심리, 행동 패턴의 관련성을 찾아 성투 그룹에 들어갈 수 있는 방법을 고찰해보기로 한다.

투자자 심리를 예측해서 실전에 적용한다 해도 심리상태를 객관적으로 판단하기 위한 잣대가 있어야 한다. 이 책에서는 기준을 캔들차트에서 찾았다. 캔들차트에는 시세의 바탕을 이루는 강세장과 약세장, 매도자와 매수자의 세력 관계, 시장에 존재하는 현물과 선물 거래는 물론, 신용 잔고 또는 미결제 약정 등을 포함한 수급 균형, 재료✦ 출현 이후 시장의 반응 정도, 그리고 투자자의 심리상태까지 모두 응집되어 시시각각으로 신호를 보낸다.

투자자의 심리상태를 이 정도로 순수하게 보여주는 것은 캔들차트 외에는 없다. 따라서 투자자 심리를 앞서 읽으며 다른 사람보다 한 걸음 더 앞서 나가 대략적인 상황을 확인하고 매수해 다수의 투자자들이 기다리다 지쳐서 매도를 서두를 때 여유 있게 매수세를 늘릴 수 있다. 반대로 다들 상승을 기대하는 행복에 빠져 있는 동안에도 냉정하게 판단해 이익을 올릴 수 있다.

✦ **재료** 시세를 움직이는 요인을 총칭하는 단어로 크게 금리나 환율 등의 '외부 요인'과 기업 실적이나 시장 수급 등의 '내부 요인' 두 가지로 나뉜다.

CHAPTER 02
투자자는 대체로
늦게 반응한다

언제 움직여야 하는지
알아야 한다

앞서 소개한 시세와 관련된 격언은 다음과 같이 해석할 수 있다.

"투자자들 사이에 시세에 관해 비관적인 전망이 퍼져나가고 있을 때야말로 매수 기회가 생긴다. 시세가 이전에 매수한 가격에 가까워지면 투자자들은 시세의 바닥을 의식하기 시작하고 상승에 회의적이다. 이때가 바로 매수를 늘려야 할 시기다. 그러나 동시에 천장이 가깝다는 사실을 알아야 한다. 그리고 투자자들이 영원한 상승을 믿고 행복에 취해 있는 동안에 모든 것을 팔아야 한다. 시세는 얼마 지나지 않아 크게 하락하게 된다."

해석해보면 본래 격언이 말하려는 의도가 무엇인지 더 선명하게 부각된다. 이것을 다음 그림처럼, 특정 기업의 주가로 모델화해보면 투자자 심리가 시세 사이클에 뒤처지는 모습을 선명하게 확인할 수 있다.

시세와 심리가
큰 차이를 보이는 이유

다음 그림을 보자. 이 그림은 투자자 심리와 시세 사이클을 비교한 그래프로, 투자자 심리가 비관적일 때와 긍정적일 때 각각 시세가 어떤 모양을 하고 있는지 보여주고 있다. A-B 구간에서는 주가가 바닥에 위치해 있으므로 투자자들은 비관적인 심리를 지니고 있고, C-D 구간에서는 주가가 바닥 근처기는 하지만 아직 상승 속도가 더뎌 여전히 비관적인 상태와 희망적인 상태가 오가는 구간이다. D지점에서 주가가 상승하며 투자자들은 행복해하지만, 이렇게 높아진 가격은 곧 급락하게 된다. B-C 구간과 C-D 구간은 비교적 이해하기 쉬운 편이다. 그러나 A-B 구간 및 D-E 구간의 프로세스에 관해서는 투자자의 심리상태와 주가의 변동이 상반되기 때문에 왜 이런 현상이 나타나는지 의문이 생긴다.

[그림 1] 투자자 심리와 시세 사이클 비교

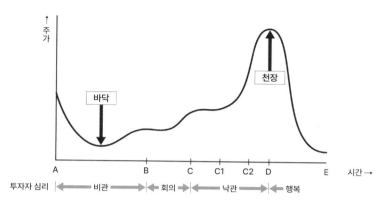

A-B: 투자자들 사이에서는 비관적인 전망이 대세를 차지하고 있지만 가격은 저가로 내려간 뒤에 바닥을 친다.

B-C: 바닥일 가능성이 있기는 하지만, 아직 회의적인 견해도 있어 가격의 상승 속도가 둔하다.

C-D: 투자자에게 낙관적인 전망이 퍼지고 상승 기대감이 높아지면서 가격이 급상승하게 된다.

D-E: 투자자들이 상승세를 믿고 행복에 취해 있다. 그러나 기대와 달리 가격은 보합세를 유지하다가 급락하는 쪽으로 기울어진다.

　이 의문에 대답하기 위해 이 모델에 '1주당 수익의 추이'를 추가 기입해서 분석해보자. 이는 그림 2에서 확인해볼 수 있다. 이 경우, '1주당 수익'이 이 기업의 본질적인 펀더멘털⁺이라고 가정하기로 한다.

　주가는 기업의 가치가 금액으로 표시된 것인데 그 가치에는 미

[그림 2] 1주당 수익을 추가 기입한 모델

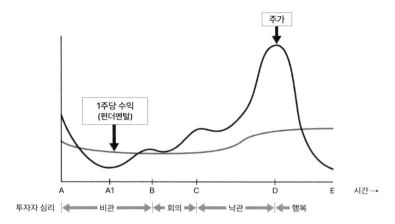

래의 실적 전망 등 불확실한 요인도 포함되어 있으므로 관련된 다
양한 뉴스, 정보, 또는 소문 등이 투자자들의 행동 심리를 미묘하
게 흔들어놓는다. 따라서 생각이나 사고가 시세 변동에 편견을 가
지도록 유도하는 경우도 많아 주가 수준은 때로 펀더멘털(여기서는
1주당 수익)에서 크게 벗어나는 경우가 있다.

일반적으로 주가는 1주당 수익이 감소하는 국면에서 하락 경향
을 보이기 쉽고 증가 국면에서는 상승 경향이 나타나기 쉽다고 알

✦ **펀더멘털** Fundamental. 기초적 가치. 주식(기업)의 펀더멘털 중에는 '1주당 수익' 외
  에 '1주당 주주 자본'이라는 개념도 있다. 덧붙여 '경제의 펀더멘털'이라고 하면 GDP나
  실업률, 금리, 환율 등 경제의 모든 조건을 포함하게 된다.

려져 있다. 왼쪽 그림의 A1지점에서 주가 수준은 펀더멘털 대비 상당히 낮은 가격이지만, D 구간에서는 상당히 높은 가격으로 이루어져 있다는 사실을 보면 알 수 있다.

시세는 매매에 의해 성립된다. 왼쪽 그림을 보면 A1 구간은, 미래에 상승할 것이라는 기대감을 포기한 투자자들의 투매 등이 발생하면서 시장의 수급 균형이 극단적으로 공급 과다 쪽으로 기울어 주가가 강하게 눌린 것이며 D 구간에서는 여기에 도달하기 직전에 투자자들의 상승 기대감에 의해 매수 주문이 쇄도하면서 수급 균형이 극단적으로 수요 초과 상태가 되었기 때문에 주가 수준이 대폭으로 밀려 올라간 것이라고 볼 수 있다. 기본적으로 주가가 하락하면 매도 수량은 줄어들지만, 비관론이 팽배해지면 공포로 인해 투매가 이루어지면서 셀링 클라이맥스(Selling Climax)와 같은 거래 폭발이 일어나기도 한다. 반대 상황의 탐욕과 과열로 생기는 거래 폭발을 블로우 오프(Blow-off)라고 한다.

많은 투자 관련 도서들이 시세가 낮을 때 매수하고, 시세가 높을 때 매도하라는 조언을 한다. 투자자들도 대부분 자신이 이런 식으로 움직이고 있다고 생각한다. 그런데 실제로는 반대로 움직이곤 한다. 그렇다면 왜 투자자들은 시세가 바닥을 보일 때 매도 주문을 넣고 시세가 정점을 찍을 때 매수 주문을 넣는 것일까. 바로 여기에 투자자들이 일반적으로 빠지기 쉬운 함정이 존재한다.

CHAPTER 03

예단의 함정에
빠지지 않는 법

보고 싶은 것만 보는
투자자들의 묘한 심리

'예단(豫斷)의 함정'이라는 말을 들어본 적이 있는가? 바로 '보고 싶은 것만 본다'는 심리상태가 형성되어 점차 본인 행동의 정당성을 강화해가는 현상이다. 즉, 미래에 이러이러한 결과가 발생하면 좋겠다는 기대를 가지면 새로운 정보 검색이나 해석이 그 기대에 맞게 이루어지는 경향이 바로 예단의 함정이다.

예를 들면, 주식시장에서 상승에 대한 기대가 높아지면 투자자들의 심리에는 경기 확대나 기업의 긍정적인 결산 등 주가를 상승시키는 재료에만 눈길이 향하는 한편, 당국에 의한 금융 긴축 관측 등 악재를 외면하는 경향이 발생한다. 투자자는 자신이 믿는 미래에 근거해 행동하기 쉽다.

그렇다면 앞서 소개한 그림 2를 다시 보자. 주가가 천장을 형성하는 D지점에 도달하기 전후의 상황을 예로 들어 예단의 함정이 투자자의 심리에 어떤 편견을 가지게 하는지 생각해보자.

D지점 전까지 시세는 계속 상승해왔다. 특히 C지점 이후에는 급등하는 상황이기 때문에 D지점에 가까워져도 투자자들은 여전히 가격은 물론이고 C지점 이후와 비슷한 속도를 내주기를 기대한다. 한편 냉정한 투자자라면 D지점을 전후해 적정선을 보여주고 있는 펀더멘털과의 괴리 폭이나 상승 속도의 지속성 등의 검증작업✦이 제대로 이루어지지 않고 있다는 사실을 깨달을 것이다. 즉, 공정가치(Fair Value)와 거래가격(Transaction Price) 간에 괴리가 일어나게 된다.

결국 D지점이 가까워짐에 따라 주가의 상승을 전망하는 투자자들이 증가하고 안일한 예측이 공유되기 쉬운 환경이 양성됨과 함께 "지금까지의 상승 시세로 한 차례 이익을 올렸다"라는 성공 체험 등도 커뮤니티나 블로그에 돌아다니기 시작할 것이다. 사람들은 자신의 주식이 더 올라갔으면 하는 마음에 계속 '보고 싶은 것만

✦ **검증작업** 펀더멘털과 지나치게 동떨어진 상승이나, 상승 속도의 둔화는 냉정하게 보면 시세가 천장에 이른 전조증상이라고 볼 수 있다.

본다.' 바로 확증편향(Confirmation Bias)이다. 이는 심리학이나 행동경제학에서 잘 알려진 개념으로, 자신이 지닌 신념, 가정, 의견을 강화하는 정보만을 선택적으로 받아들이고 이에 반대되거나 모순되는 정보는 무시하거나 과소평가 하는 경향을 의미한다.

가격 상승과
매수 잔고는 정비례

가격 상승과 시장의 매수 잔고(롱 포지션)✦ 사이에는 통상 정비례하는 상관관계가 있다. 즉, 가격 상승에 따라 신규 참가자들로부터의 매수 주문이 모이면 매수 잔고는 가속화되며 증가한다. 매수 잔고의 총량은 변화가 없지만 '가격×발행수량(시가총액)'은 급증하게 된다.

이는 주가가 펀더멘털에서 동떨어져 상승하면 할수록 한 단계 더 상승을 기대하는 투자자들이 증가해 결과적으로 시장의 매수 잔고가 급속도로 증가한다는 것을 의미한다. 따라서 D지점 근처에

✦ **매수 잔고** 매수 잔고는 주식 거래에서 현재 매수 주문이 체결되지 않고, 남아 있는 수량 또는 매수하려는 대기 수량을 의미한다.

[그림 3] 앞 그림의 C-D 구간 사이의 가격상승과 매수 잔고 비교

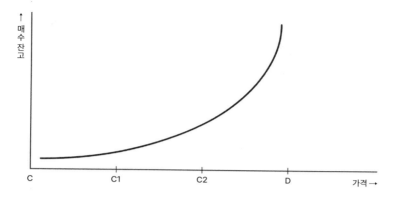

서는 롱 포지션이 상당한 규모로 부풀려진 상태로 지속된다. 이는 다음에 소개할 집단심리를 이용해 설명할 수 있다.

CHAPTER 04

밴드왜건 효과를 주의하라
(Bandwagon Effect)

매수하면 올라간다

올라가니까 매수한다

'밴드왜건'이란 퍼레이드 등에서 볼 수 있는 악대를 태운 자동차다. 화려하게 연주하는 악대가 눈앞을 지나가면 길가의 사람들은 자기도 모르게 이끌려 그 뒤를 졸졸 따라간다. 움직이는 군중의 모습을 본 또 다른 사람은 무엇 때문에 사람들이 몰려가는 것인지 궁금해서 무리에 가담하기 마련이고, 그렇게 또 다른 사람이 가담하다가 이윽고 거대한 군집이 형성된다. 이것은 각 개인의 의견이나 행동이 다수의 의견이나 행동에 이끌리기 쉽다는 군집심리적 현상이며 밴드왜건 효과라고 불린다.

2000년 전후의 IT 주식의 인기와 닷컴버블은 밴드왜건 효과의 전형적인 사례였다. 시장을 지배하고 있는 'IT 관련주를 매수하면 무조건 올라간다. 시세가 올라가니까 매수한다'라는 마인드로 무작정 이끌려 각 종목에 관해 제대로 분석하지도 않고 시세가 꼭대기일 때 대량으로 매수해버린 투자자들도 많았다.

고점에 산 투자자일수록
하락장에 대한 대응이 늦을 수밖에 없다

가격 변화와 매매 건수의 관계를 그림으로 그리면 일반적으로는 포물선 모양이 된다. 21쪽의 그림 1을 다시 보자. C지점 이후, 일정 기간은 활발한 거래가 이루어지기 때문에 주가 상승에 비례하듯 매매 건수(거래 총액)도 증가하지만 D지점 근처에서는 반대로 매매 건수가 급격하게 감소해버린다. 이 사이의 주가와 매매 건수 관계를 모델화하면 그림 3과 같다.

이는 새롭게 참가한 사람들의 매수 주문이 들어가는 한편으로 다수의 투자자는 이미 주식을 매수했고 추격매수⁺는 이루어지지

✦ **추격매수** 상승 시장에서 가격이 더 오를 것이라는 생각에 비싼 가격으로 계속 매수하는 현상을 의미한다.

[그림 1] 투자자 심리와 시세 사이클 비교

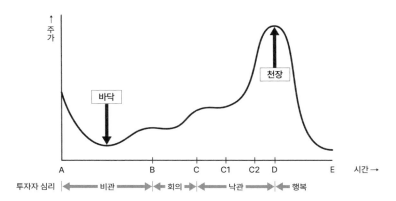

[그림 4] 가격상승과 매매 건수

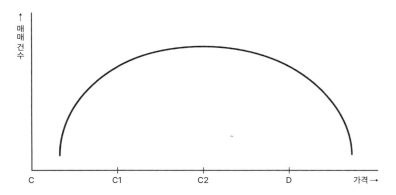

않지만 앞으로 오를 것이라는 전망에 매도를 미루고 있기 때문에 매매가 성립하기 어려운 환경이 되었다는 것이 그 요인이라고 추측할 수 있다.

캔들차트 사용설명서

매매 건수 감소를 계기로 단위기간당 주가상승률(매수자에게 있어서 수익향상률)이 둔화되면 점차 차익실현 매도 현상(산 주식이 올랐을 때 차익을 남기고 팖) 등이 나타난다. 일반적으로 차익실현 매도는 상대적으로 보유 단가가 좋은 (매수 가격이 낮은) 투자자들이 하기 쉽고 그림 1의 C2지점 이전에 매수할 수 있었던 투자자들이 여기에 해당한다. 이 지점 이후의 매수자는 대응이 늦어지기 쉽다. 가격 상승으로 자연스럽게 증가하던 매매 건수는 어느 지점에 샀는가에 따라 수익의 상승률과 가격의 상승폭에 따라 달라지면서 차익 매물이 등장하게 된다.

그 이유는 앞에서 설명한 예단의 함정이 작용하기 때문이다. C2지점 이후의 시장 참가자는 '매수만 하면 이익을 올릴 수 있다'라는 맹신에 가까운 심리가 형성된 이후에 참가하는 사람들이며 시세를 올릴 수 있을 듯한 재료에만 눈길을 돌리고 악재는 경시 또는 무시해 자신의 행동과 기대(주식을 매수했다는 사실과 상승할 것이라는 기대)를 정당화한다.

기본적으로 시세는 올라가기도 하고 내려가기도 하는 것이므로, 즉 상승 확률은 50%에 지나지 않지만 보고 싶은 것만 보는 투자자들은 그 확률을 마음대로 왜곡시켜버리는 것이다.

CHAPTER 05

상투에 잡아 고점에 물린다는 공포를 이기려면

시장 성쇠의 모델을 읽자

모든 시장 참가자는 주식 등을 낮은 가격에 매수해서 높은 가격에 매도하는 것으로 이익의 극대화를 지향한다. 그러나 바닥 시세에서 자금을 투입할 수 있는 용감한 투자자는 거의 없다. 추가 하락이 두렵기 때문이다. 대다수의 투자자는 시장에 낙관적인 전망이 보인 뒤에야 행동에 들어간다.

시세를 낙관적으로 보아, 증시가 오를 것이라는 기대가 높으면 높을수록 투자자들의 매수 주문이 증가하고 시세는 상승 곡선을 그린다. 게다가 지금까지 주식 매수를 주저하고 있던 투자자들도 시장에 참가하기 좋은 환경이 되었다고 판단해 행동하기 시작한다. 그러나 여기에는 커다란 함정이 숨겨져 있다.

상승 시세가 성숙해진 단계에서 비로소 주식을 매수한 투자자가 상승에 대한 기대와 현실적인 가격 변동 사이에서 고민하는 모습 등에 관해 시장의 성쇠와 단위기간당 수익률 모델을 이용해 고찰해보자. 우선, 현실 시세의 세계를 모델화하기 위해 다음과 같은 전제조건을 설정한다.

전제조건

① 시세의 사이클(V지점 → Z지점)은 400일. 매일의 종가를 연결하면 각 지점 사이는 반드시 직선이 된다.

② 시세는 대략 100일마다 터닝포인트가 찾아온다. 구체적으로는 W지점에 도달한 이후 시세의 상승 속도는 V지점에서 W지점 기간의 2배로, X지점에서 Y지점에 이르는 과정에서도 W지점에서 X지점까지 기간의 2배가 된다. 그리고 시세는 Y지점에서 절정을 맞이한 뒤에 Z지점을 향해 가격이 V지점과 같아질 때까지 급락하고 그 후 보합세를 보인다.

③ 알파벳 소문자는 각 알파벳 대문자의 다음 날부터 계산해 50일째로 한다.

④ V지점(시세의 출발점)에서의 주가는 100으로 한다.

⑤ 어떤 시점의 종가로 주식을 매수한 투자자는 반드시 50일 후의 종가로 매도하는데 보유기간 중에는 절대로 매매하지 않는다.

⑥ 주식을 매수한 이후, 보유 기간 중의 자금조달 비용 등은 고려하지 않는다.

이런 전제 아래에서 시장의 성쇠를 모델화하면 그림 5와 같다.

V지점에서 100으로 거래된 시세는 완만하게 상승해서 W지점

[그림 5] 특정 조건 아래에서의 시세의 성쇠 모델

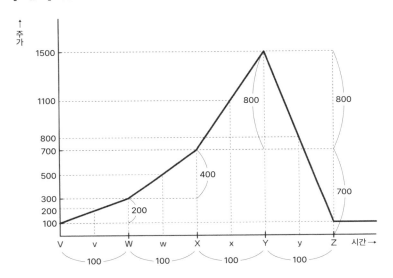

[그림 6] 그림5 모델에서의 단위일수당 수익률 변화의 추이

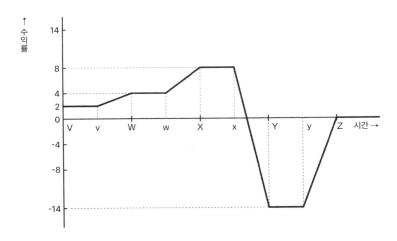

캔들차트 사용설명서

(100일째)에서는 300이 된다. 그리고 상승세를 타고 X지점(200일째)에서는 전제조건 ②에서 언급했듯, 'W지점에 도달한 이후 시세의 상승 속도는 V지점에서 W지점까지 기간의 2배'라고 했고 V지점에서 W지점까지가 200이었으므로 그 두 배인 400이 상승해서 700이 된다.

300일째에도 역시 전제조건 ②에서 'X지점에서 Y지점에 이르는 과정에서도 W지점에서 X지점까지 속도의 2배가 된다'고 했으므로 W지점에서 X지점까지의 속도 400의 두 배인 800이 상승해서 1500(Y지점)까지 상승하게 된다. 그리고 그 직후부터 급락하여 천장을 찍은 이후 불과 100일 만(Z지점)에 주가는 100으로 돌아온다.

단위일수당 수익률 변화를
그래프로 만들어보면

다음으로, 이 시세 성쇠 모델을 이용해 단위일수당 수익률 변화를 그래프로 만든 것이 그림 6이다. V지점에서 주식을 매수해 50일째(v지점)에 매도한 투자자의 단위일수당 수익률(여기에서는 1일당 단순 평균 주가상승치)은 '(v지점에서의 주가 - V지점에서의 주가) ÷ 보유일수'로 산출할 수 있으므로 (200-100) ÷ 50으로, 2.0이 된다. 한편 V지점에서 v지점 사이에 매수한 투자자도 단위일수당 수익률은 2.0으로 똑같다.

하지만 v지점을 지나면 이 수치는 W지점까지 매일 변화한다. 예를 들면, v지점 다음 날 주식을 매수한 투자자의 수익률은 (304-202) ÷ 50으로 2.04가 되고 10일이 경과한 후에 매수한 투자자의 수익률은 (340-220) ÷ 50으로 2.4가 된다. 즉, V지점에서의 경과일수를 n으로 하면 W지점에 이르기까지의 수익률은 {(300+4×n)-(200+2×n)} ÷ 50이라는 계산이 나온다.

결국 초기 대비 매일 2%씩 올랐지만 직전 일의 올라 있는 가격에 대비하면 상승한 수익률은 점점 낮게 표기될 수밖에 없을 것이다. 마찬가지로 각 기간의 단위일수당 수익률은 다음과 같다. n은 각 소문자 알파벳 지점으로부터의 경과 일수를 의미한다.

- W지점→w지점: 4.0으로 일정하다.

- w지점→X지점: {(700+8×n)-(500+4×n)}÷50으로 산출되는 가격.

- X지점→x지점: 8.0으로 일정하다.

- x지점→Y지점: {(1,500+(-14×n)-(1,100+8×n)}÷50으로 산출되는 가격.

- Y지점→y지점: -14.0으로 일정하다.

- y지점→Z지점: {(100+0×n)-(800+(-14)×n)}÷50으로 산출되는 가격.

단위일수당 수익률 저하는
이미 시작되었다

n에 구체적인 수치를 삽입해보면 몇 가지 흥미로운 점을 깨닫게 된다. V지점에서부터 Y지점까지 주가는 300일 동안 1400이 상승 했기 때문에 1일당 단순 평균 가격상승치는 약 4.67이 된다. 이 수 치는 w지점을 9일 지난 시점에서 행동한 투자자의 4.72 및 x지점을 7일 경과한 이후의 4.92와 거의 비슷해진다. 따라서 이 기간에 주 식을 매수해 50일 후에 매도한 투자자는 효율적으로 이익을 올릴 수 있었다는 결론이 나온다.

한편, 놀랍게도 x지점을 19일 지난 시점에서부터 50일 뒤 주식 을 매수한 투자자는 Z지점에서의 매수자를 제외하면 단위일수당 수익률은 모두 마이너스가 되어버린다. 즉, 시세가 천장을 찍기 훨 씬 전부터 단위일수당 수익률은 급격하게 하락하기 시작했다는 사 실을 알 수 있다.

x지점 1100(시작) + (19일 × 8/일) = 1252

Y지점 1500(시작) − {(50일−31일) × 14/일} = 1234

(1234(매도가격) − 1252(매수가격)) ÷ 50일 = −0.36

따라서 18일째라면 1244에 매수하고 1248에 매도하게 된다.

투자자는 보유 기간을 줄이는 (즉, 매매 회전율을 높이는) 방법으로 이런 상황을 회피할 수 있지만 x지점을 전후해서는 주가가 기세 좋게 상승을 지속하고 있는 것으로 보이고, 또 주변에 있는 대부분 투자자도 앞으로 주가는 계속 상승할 것이라는 낙관론을 공유하고 있다는 점 등 때문에 반대가 되는 행동을 취하기 쉽다.

투자자는 일반적으로 과거 시세의 궤적이 그린 상승 곡선과 비슷한 정도의 가격 상승이 한동안 이어질 것이라는 기대를 안고 투자하기 쉽지만 시장에 참가하는 시기가 천장에 가까울수록 기대하는 수익과는 큰 차이가 나는 결과를 보이는 경향이 강하다는 사실에 주의해야 한다.

CHAPTER 06

자산의 가치 하락은
투매를 유발하는 방아쇠다

이동평균선을 그려보자

다시 21쪽의 그림 1을 살펴보자. '투자자 심리와 시세 사이클' 모델로 돌아가 D지점을 막 지난 상황을 좀 더 종합적으로 생각해보자. 주가는 펀더멘털에서 위쪽으로 크게 동떨어져 있다. 시장의 매수 잔고(롱 포지션)는 상당한 규모로 부풀려져 있다는 데에 더해 다수의 투자자들의 보유가격(매수가격)⁺은 상투 부근에 집중되어 있을 것이다.

이윽고 주식을 장기간 보유하고 있던 투자자들이 수익을 거두

⁺ **보유가격** 주식을 매수해 장기간 보유하는 것을 '장기 보유'라고 하는데 매수하고 매도한 가격(특히 각 투자자의 평균 가격)을 '보유가격'이라고 한다.

고 매도하게 되면(차익실현 매도) 주가를 내리누른다. 그렇게 되면 투자자들 대부분의 이익이 급속도로 감소하는 것은 물론이고 때에 따라서는 손실로 이어진다. 그 후, 자금 여력이 적은 투자자들이 손절매를 시작하면 시세 하락에 박차를 가해 공황 상태 같은 매도가 발생하며 결국 E지점에 도달한다. 이런 상황은 이동평균선을 첨가한 모델을 사용하면 더욱 쉽게 이해할 수 있다.

이동평균선이란 최근 일정 기간의 종가를 합한 것을 해당 기간의 일수로 나누어 산출된 수치를 연결한 선이다. 예를 들어, 100일 동안의 단순 평균치는 어떤 종목을 100일 동안 종가로 하나의 단위씩 계속 매수했을 때의 평균 매수가격을 생각하면 되기 때문에 100일 동안의 종가 합계를 100으로 나누면 산출할 수 있다. 마찬가지로 50일 동안의 단순 평균치는 최근 50일 동안의 종가 합계를 50으로 나누면 되는데 100일 동안의 데이터가 있으면 50일째부터 100일째까지, 즉 51개의 수치를 얻을 수 있다. 그 수치를 연결하면 50일 단순 이동평균선이 완성된다.

실질가격이 이동평균선을 밑돌면
가치가 급속도로 하락한다

투자자가 거래를 한 날들의 평균 가격이 종가와 같다고 가정하고 거래 단위는 항상 일정하며 매매 간격은 50일 동안이라고 상정하면 이론상 단순 이동평균선을 평균 매수가격의 추이라고 볼 수 있다.

그림 7을 바탕으로 다음과 같은 사실들을 추측할 수 있다. C1지점에서 C2지점까지는 시장의 시장가격(주가)과 평균 매수 가격은

[그림 7] 단순 이동평균선을 추가한 시세 사이클 모델

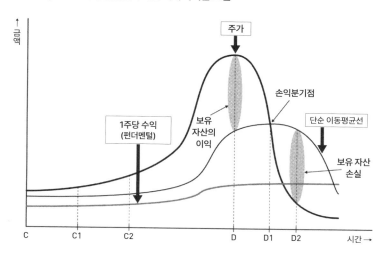

거의 평행으로 움직인다. 그러나 C2지점에서 D지점에 이르는 국면에서는 시장가격이 평균 매수 가격을 대폭으로 웃돈다. 이 괴리는 매수한 주식이 이익을 내고 있다는 사실을 의미하며 그 폭은 이익의 액수를 나타낸다.

하지만 D지점에서 D1지점에 이르는 과정에서 상황은 극적으로 변한다. 시장가격이 급락했기 때문에 이익은 급속도로 감소하고 (시장가격이 평균 매수가격에 가깝다) D1지점에서는 0(손익분기점)이 되어버린다. 그리고 D1지점을 지나 D2지점으로 향할 때에는 보유 주식에 손실이 발생해, 점차 그 규모가 커진다.

손실을 끌어안고라도 장기 투자를 노리며 보유 주식의 매각을 보류하는 투자자도 있지만 일반적으로 손실의 확대와 투자자의 매

[그림 8] 보유 주식의 손실 확대와 투자자의 매도 압력

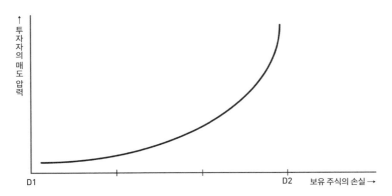

캔들차트 사용설명서

도 압력에는 정비례의 상관관계가 나타나며 손실이 커짐에 따라 시장의 수급 균형은 공급과잉 쪽으로 크게 기울어진다.

이런 상황에서는 극단적으로 매도 가격을 내리지 않는 한, 거래가 성립되기 어려운 경우도 많아 손실을 최소한으로 줄이기 위해 투매 현상이 쇄도하면 주가는 펀더멘털을 크게 밑도는 수준으로까지 눌려버린다.

투자자 행동을 심리적인 측면에서 분석하면 무조건 성투한다

지금까지의 설명을 통해, 주식 등의 시장가격은 가격의 실질적인 결정권자인 시장 참가자가 이익 추구라는 욕망을 충족시키기 위해 본인의 심리나 행동에 편견을 가지면서 위아래로 오르내리는 폭이 더욱 심해진다는 것을 알게 되었을 것이다. 따라서 때로 시장가격은 주식 등의 본질적인 가치(펀더멘털)와 큰 괴리를 보이는 경우가 있다.

가격상승에 따라 거래액이 서서히 증가하는 과정에서는 대부분의 시장 참가자들이 주식시장의 상승을 기대하고 적극적으로 매수에 나서기 때문에 강한 시세를 보인다. 거래량이 증가하며 상승하는 단계에서 아래 단계는 지지의 역할을 하므로, 상승 추세는 계속 강화된다. 그러나 실세가격이 펀더멘털에서 일정 부분 이상 동떨어져 버리면 거래액이 급격하게 증가한 직후에 보합세를 보이는 한편 가격만 급상승하는 모습을 보인다. 그렇게 되면 투자자들이 보유하고 있는 자산의 이익은 짧은 시간에 급속도로 부풀어 오른다. 그런 한편 투자자들의 리스크에 대한 경계심은 점차 옅어져 보유하고 있는 자산을 어떻게 유지할 것인가 하는 치밀한 계산을 하기 어렵다. 보유 자산에 막대한 이익이 발생하고 있는 경우, 자아도취에 빠지기 쉬운데 '예단의 함정'에 빠진 투자자들이 많을수록 방심하게 된다.

최근 다양한 미디어를 통해 시세와 관련된 정보를 즉시 입수할 수 있게 되면서 짧은 시간에 특정 정보에 대중이 일방적으로 쏠리는 경우도 많아졌다. 그러나 때로는 미디어가 알려주는 정보의 배후를 읽어야 할 필요도 있다. 2000년 2월 무렵이었을 것이다. 일본의 한 일간지에 뉴욕의 옐로 캡(Yellow Cab, 노란색으로 도장된 뉴욕시 공인 택시) 운전기사들이 고객을 기다리는 시간을 이용해서 휴대전화를 통해 미국 주식을 활발하게 거래하고 있다는 기사가 사진과 함께 게재되었다.

일반 투자자의 열성적인 모습에 감탄하는 한편 나스닥 종합지수 거래층이 엄청나게 두터워졌다는 생각에 이제 천장에 가까웠다는 생각도 들었다. 그 후, 나스닥 지수는 급등해 3월 초순에는 5,000대에 이르렀는데 얼마 지나지 않아 급격하게 시세가 떨어지더니 2002년 가을에는 1000 가까이 하락했다. 시장 거래에서는 다수파와 함께 행동하는 것은 안도감을 주어 마음이 편하지만 상황에 따라서는 공포를 극복하고 본인의 결단으로 시세와 대치해야 할 필요도 있다. 그것이 결과적으로 커다란 과실(이익)과 연결된다.

이익을 실현하려면 현재의 주식 등의 시장가격이 시세의 사이클 안에서 어디에 위치해 있는지 염두에 두고 다른 투자자들의 다음 행동을 심리적 측면에서 분석해야 한다. 다른 투자자들보다 앞서 시세의 천장과 바닥 형성을 추측하고 기회를 포착해 매매할 수 있다면 당연히 이익은 향상된다.

제2부

캔들차트
하나만
제대로
알아도 된다

거래는 시작이 중요합니다.

시작이 나쁘면 반드시 어긋나게 되어 있습니다.

거래를 서둘러 진행해서는 안 됩니다.

서두른다는 것은 시작이 잘못된 것이나 마찬가지입니다.

매수, 매도 모두 오늘만큼 좋은 시장이 없다고 생각될 때

사흘을 기다려야 합니다.

— 혼마 무네히사

CHAPTER 01

캔들차트는
신의 목소리다

이 차트는 무엇일까?

다음 쪽에 실린 그림 9를 살펴보자. 한눈에 이 상품이 무엇인지, 어떤 상태인지 알 수 있다면 시세에 상당히 밝은 분이다. 정답을 말하기 전에 이 시세가 그 후 어떤 궤적을 그렸는지 상상해보자. "상승기류를 타고 천장을 향해 날아올랐다"라고 대답하는 분도 있을 테고 "한동안 조정을 보이는 하락세를 거친 뒤에 반등했다"라고 대답하는 독자도 있을 것이다.

의식적으로든 무의식적으로든 현재의 가격이 상승 과정에 있는 것인지 하락 국면에 있는 것인지, 또 상대적으로 높은 권역에 있는 것인지 낮은 권역에 있는 것인지, 앞으로의 동향은 강한지 약한지, 종합적으로 생각하고 각자의 답을 끌어낼 것이다.

[그림 9] 캔들차트

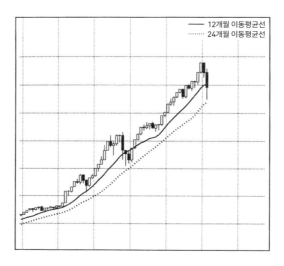

정말 제대로 분석하고 있는 것일까?

전체적인 모습을 보고 투자 판단을 내리는 것은 매우 중요하다. 대국을 잘못 보면 정신적인 피로만 쌓여 결코 좋은 결과(높은 수익)를 얻을 수 없다. 그러나 대국적이라고는 해도 투자자들 각자의 투자 기간, 투자 금액, 거래 횟수 등은 천차만별이기 때문에 대국적인 시세관이라고 생각하는 것도 결과적으로 각 개인의 감성에 크게 의존한 것에 지나지 않는 것일 수도 있다.

본인이 직접 시장에 참가한 (매매를 한) 적이 있는 투자자는 대부분 경험했을 테지만 점차 자신의 포지션이 마음에 들어 악재에는 눈을 감고 호재를 찾아 자신의 형편에 맞게 해석해버리는 상태에 빠지기 쉽다. 즉, 앞서 설명한 '예단의 함정'에 빠지게 된다.

그 결과, 하락 도중의 보합에 해당하는 시세를 바닥 국면이라고 판단해 매수세를 늘리거나 물타기 전략[+]을 했다가 한 단계 더 낮아지면 허둥지둥 당황해서 바닥을 형성한 상황에 투매를 하게 된다. 그러다 시세가 한 단계 높아지면 망상에 가까운 희망을 끌어안고 천장 부근에서 대량 매수를 해 매수 가격을 악화시켜 최종적으로는 긴 시간 공들여 온 매수 가격이 좋은 종목까지 처분해버리는 상태도 발생하는 경우가 있다.

'대담하면서도 냉정하게'라는 시장의 격언이 있지만 사실 결심만 할 수 있다면 얼마든지 대담한 행동을 취할 수 있다. 진짜 어려운 것은 '냉정함'이다. 자제심을 유지하는 것은 정말 어렵다. 시장에 참가한 이상 큰 이익을 내는 것이 최종 목적이지만 자신의 욕망을 얼마나 조절하는가에 따라 돌아오는 이익에 커다란 차이가 발생한다. 욕망을 스스로 제어할 수 없는 경우에는 다른 무엇인가에 의지해야 한다. 따라서 전문가인 금융 관계자, 지식인, 시장의 다른

✦ **물타기 전략** 매수한 주식 등의 가격이 하락했을 때, 매수를 늘려 평균 단가를 낮추고 손실이 회복되기를 기다리는 것을 의미한다.

참가자들의 의견 등을 참고하는 것도 필요하다. 그 자체는 큰 도움이 될 수 있다.

그러나 중요한 것은 그들이 반드시 여러분과 같은 상품에 투자하고 있는 것이 아니고 또 설사 그렇다고 해도 매수 단가가 다르며 원하는 수준이나 투자 기간이 다른 경우가 많다는 점이다. 각자의 조건에서는 올바른 대응책이라고 해도 다른 조건에서도 올바르다고 단정할 수는 없다. 그리고 조언을 들었다고 해도 최종적인 판단은 여러분 자신이 내려야 한다. 결국 자신과의 싸움으로 돌아오게 된다.

혼란스러운 상황에서도 핵심을 읽으려면

그림 9는 닛케이 지수(월봉)✦다. 도표에서 볼 수 있듯 1980년대 후반은 누구나 주식, 부동산, 회원권 등의 시장가격이 영원히 상승하리라 기대하고 그 기대감에 취해 있던 시대였다. 일반 투자자는 물론이고 금융 관계자, 전문 투자자 모두 1990년대의 막이 열리면

✦ **닛케이 지수** 도쿄증권거래소 제1부 상장 종목에서 대표적인 225종목을 선별해서 산출한 평균 주가를 의미한다. 도쿄증권 제1부 상장 전 종목을 대상으로 삼는 도쿄증권주가지수(TOPIX)와 나란히 일본 주식시장의 동향을 나타내는 지표로 여겨지고 있다.

[그림 10] 버블 붕괴 이후를 첨가한 닛케이 지수 차트(월봉)

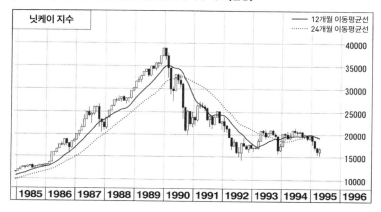

닛케이 지수는 7만 엔, 아니 10만 엔을 목표로 달리게 될 것이라고 이야기했던 기억이 있다.

한편, 그림 10은 그 후의 시세 전개를 첨가한 캔들차트다. 설명할 필요도 없겠지만 1990년 폭락한 이후, 장기간에 걸쳐 오르내리는 혼란스러운 상황을 보여주고 있다.

그런데 금융시장의 중심지 런던에서는 예로부터 "시세의 미래는 신만 알고 있다. 그러나 차트는 신의 목소리를 일부 전해준다"라는 말이 있다. 과연 당시 닛케이 지수에 대해서도 '신의 목소리'는 우리에게 힌트를 주고 있었을까. 여기에서 검증해보자.

상투임을 경고한 '신의 목소리'

그림 11은 그림 9의 일부분을 주봉 차트로 바꾼 것이다. 장기간 상승을 이어 온 닛케이 지수에 1989년 11월 셋째 주쯤 '덮개 뚫기'⁺가 발생하면서 급격한 상승이 이어지다가 12월 마지막 주에 사상 최고가인 3만 8,957.44엔을 보여주는데 그때까지 무려 7주 연속으로 고가를 경신했다. 즉 '8연속 고가 경신'에 버금가는 캔들 모양이 나타난 것이다. 주봉에서 이 모양이 나타나면 신고가 행진이 한계에 이르렀다는 사실을 나타냄과 동시에 하락 국면이 가깝다는 사실도 알려준다.

그리고 마지막 주의 장대양봉이 전주의 음봉을 품는 것으로 '하락 음봉을 품은 장대양봉'이 만들어지고, 아울러 1990년 1월 첫째 주의 음봉을 품어 '음봉을 품은 장대양봉'를 보여주었고 그에 이어지는 둘째 주, 셋째 주가 모두 음봉으로 물러났기 때문에 '흑삼병'까지 완성했다. 각 캔들차트 모양에 대한 설명은 뒤에서 더 자세하게 설명할 예정이다.

닛케이 지수가 천장을 만드는 국면에서 투자자들의 강한 상승

⁺ **덮개 뚫기** 176쪽 참조. 마찬가지로 '8연속 고가 경신'은 209쪽, '하락 음봉을 품은 장대양봉'은 239쪽, '음봉을 품은 장대양봉'은 151쪽, '흑삼병'은 220쪽을 참조하면 된다.

[그림 11] 닛케이 지수 절정기의 주봉 차트

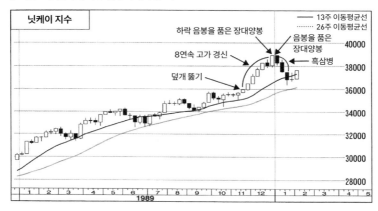

기대감과는 반대로 매우 특징적인 캔들 모양이 연속적으로 나타났
다. 이는 일종의 '신의 목소리'로서 "시세가 천장에 가깝다. 매도해
이익을 추구하라. 또한 곧 닥칠 급락을 주의하라"고 경고한 것이나
다름없다.

이처럼 버블 절정기에 다수의 투자자들이 기대감에 잠겨 영원
한 상승을 바라며 도취감에 젖어 있을 때 캔들차트는 매우 냉정하
게 시세의 향방을 암시해주었다.

상승세가 끝나자
주식투자 스타일이 변했다

1980년대의 닛케이 지수는 항상 상승하는 모양을 보여주었지만 1990년대 후반 이후에도 연간 평균 약 35%의 진폭이 있었다. 그렇다고 지나치게 비관적으로 받아들일 필요는 없다. 닛케이 지수는 2025년 초, 4만 엔대까지 회복했다.

이것은 누구나 노력하지 않고 이익을 올릴 수 있었던 시대는 지나갔지만 우수한 차트를 바탕으로 시세의 흐름을 타고 효율적으로 매매를 할 수 있는 투자자들에게는 여전히 큰 성과를 얻을 수 있는 기회가 존재한다는 의미다.

CHAPTER 02

캔들차트의 불꽃이
알려주는 투자 정보

캔들의 일생과 시세의 흐름은 함께 움직인다

'캔들', 왠지 모르게 운치가 있는 명칭이다. 모양이 양초를 닮았다는 점에서 이런 이름이 붙여졌다는 사실은 굳이 말할 필요도 없다. 그러나 캔들이라는 명칭이 전해주는 정보는 그것만이 아니다.

시험 삼아 양초에 불을 붙여보자. 우선 심지 끝에서 희미하게 둥근 불꽃이 일어나고 그 불꽃은 점차 벌겋게 커지다가 심지를 타고 내려온다. 그리고 멋진 유선형을 만들고 스스로의 목숨을 갉아 먹으면서도 모든 에너지를 소비해서 늠름한 모습으로 타오른다. 약한 바람에는 불꽃이 흔들리는 정도로 참아내고 겸손하게 불꽃을 유지하려 애쓴다. 점차 기화가 진행되어 몸이 줄어들어도 그 힘은 약해지지 않는다.

그러나 이윽고 노화가 시작되면 불꽃은 급속도로 약해진다. 그리고 마지막 힘을 쥐어짜듯 강렬하게 빛을 발산한 뒤에 소리도 없이 일생을 마친다.

이는 시세의 일생과 일맥상통하는 부분이 있다. 갓 태어났을 때의 시세는 크게는 움직이지 않고 위아래로 약간씩의 움직임을 되풀이할 뿐이다. 이윽고 시장이 성장함에 따라 상승하기 위해 힘을 비축한다. 청년기를 거쳐 장년기에 접어들면 상승을 향한 탄력이 붙으면서 고가를 경신하기 시작한다.

결국 마지막 불꽃을 보인 뒤에 갑자기 후퇴하기 시작해 종말을 맞이한다. 우리는 마음속으로 시세의 성쇠, 나아가 인생의 성쇠를 캔들 불꽃의 흔들림 속에서 찾아볼 수 있을지 모른다.

CHAPTER 03

'캔들'에는
무엇이 담겼는가

4개의 기본정보를
한눈에 볼 수 있는 캔들

캔들차트를 살피기 전에 캔들의 각 부분이 의미하는 바를 살펴보자. 하루(또는 일주일, 한 달)의 시세에는 반드시 시가✦, 고가, 저가, 그리고 종가가 존재한다. 이 네 종류의 가격을 주가를 형성하는 기본 가격이라고 하며 이것들을 하나의 도형(모양)으로 정리한 것이 '캔들'이다.

네 개의 가격을 하나씩 살펴보자. 시가는 마감시간과 개장시간

✦ **시가** 그날(주, 월)의 첫 거래를 '시가'라고 하며 그날(주, 월)의 마지막 거래를 '종가'라고 한다. 시초가는 동시호가로 체결되는 첫 번째 단일가격 거래를 의미하지만 시가와 동일한 의미로도 쓰인다.

[그림 12] 캔들의 각 명칭

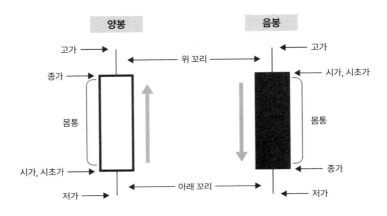

사이에 많은 재료를 보여주는 수급으로 보여주는 첫 가격이다. 종가는 시장이 열려 있던 동안 모든 재료와 수급의 힘이 마무리되는 지점이다. 즉, 시가와 종가가 확정되어야 그날의 캔들이 완성된다. 그리고 이렇게 완성된 캔들이 양봉과 음봉을 결정한다.

시가와 종가가 만들어내는 몸통(Body)은 시장 심리를 반영하는데 시가가 종가보다 높으면 파란색(흑백으로 표기되는 경우 검은색)으로 표기되고, 시가보다 종가가 높으면 붉은색(흑백으로 표기되는 경우 흰색) 몸통으로 보이게 된다. 시가와 종가가 같으면 선으로 표기된다. 시가와 종가가 같은 경우는 '도지'라고 부른다. 즉, 주식시장에 종일 강한 매수 압력이 보인다면 끝날 때의 종가는 고가가 될 것이다. 반대 상황이라면 저가가 종가가 된다.

고가나 저가는 가격 위쪽에서의 저항과 아래쪽에서의 지지를 보여주는 결과다. 고가와 저가가 몸통에 닿을 때까지 만들어내는 꼬리(Shadow, Leg, 수염이라고도 부른다)가 몸통 위쪽에 만들어지면 위 꼬리, 아래쪽에 만들어지면 아래 꼬리라고 부른다. 일본식 캔들은 몸통으로 표기되기도 하고, 미국식 캔들은 선으로만 표현되기도 한다.

다만 나라별로 표기하는 색이 다르다 보니, 혼란스러운 상황이 종종 생기기도 한다. 우리나라의 경우 오를 때 붉은색을 사용하고, 떨어지면 파란색을 쓴다. 보합일 경우 검은색으로 표현한다. 반대로 서양에서는 오르면 녹색을, 떨어지면 붉은색을, 보합일 땐 검은색을 쓰게 된다. 이를 단순화해 흑백으로 보게 되면 같은 색이지만 반대로 읽게 되는 현상도 벌어진다.

시가보다 종가가 높은 경우에는 흰색(또는 빨간색), 반대로 시가보다 종가가 낮은 경우에는 검은색(또는 파란색)으로 몸통을 나타낸다. '몸통'이 흰색(또는 빨간색)으로 칠해져 있는 경우를 '양봉', 검은색(또는 파란색)으로 칠해져 있는 경우를 '음봉'이라고 부른다.

한편, 하루 동안 일어난 가격(시가, 종가, 고가, 저가)을 한 개의 캔들로 표현하면 '일봉', 일주일 동안 일어난 경우 '주봉', 한 달의 경우는 '월봉'이라고 한다. 이는 주어진 기간 동안 힘의 방향과 저항,

지지를 보여주게 된다. 하나의 캔들이 다음 캔들과 연결되면 앞으로 시장이 지속적으로 상승할지, 반대로 하락할지 예상할 수 있게 된다.

캔들만 이해해도
시장 보는 눈이 달라진다

캔들차트를 이용한 분석에서 기본이 되는 것이 각 캔들의 모양(단선)이다. '장대양봉', '장대음봉', '양봉', '음봉', '도지' 등은 비교적 익숙한 캔들 모양일 것이다. 자세한 설명은 바로 뒤에 실어두었다. 각 모양에 특정 명칭이 있어 시세 동향의 특징을 나타냄과 동시에 그것은 어떤 환경 때문에 발생한 것인지, 또 시장 수급 균형은 어떤 상태인지, 투자자는 어떻게 반응하는지, 그리고 앞으로 시세는 어떻게 전개될 것인지 등을 암시한다.

시계열 차트에는 미국이나 유럽에서 주류를 이루고 있는 바 차트(Bar Chart) 등 다양한 종류가 있지만 여기서는 투자자의 심리상태를 순수하게 표현하는 차트로서 캔들차트를 특히 중요하게 살필 것이다.

이제 캔들차트의 단선 모양을 5가지의 그룹으로 나누어 해설해

[그림 13] 다양한 시계열 차트

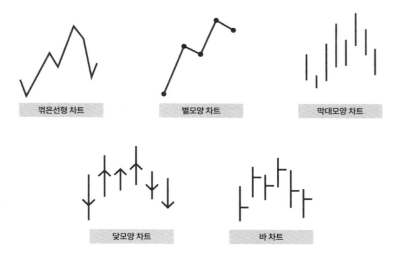

꺾은선형 차트

별모양 차트

막대모양 차트

닻모양 차트

바 차트

보자. 이는 제4부에서 해설할 '복합선(複合線)'의 기본이 되므로, 확실하게 이해하고 넘어가는 것이 좋다.

캔들 한 개, 캔들 두 개, 캔들 세 개로
읽는 시장 심리

하나의 캔들로는 '심리'를 읽을 수 있다. 이때 수염 길이를 가장 중점적으로 보아야 한다. 이를 통해 저항과 지지의 힘이 확인되기 때문이다. 일반적인 캔들 모양은 꼬리가 몸통보다 짧다. 위 꼬리는 고가 (가격) 저항의 힘을, 아래 꼬리는 저가에서의 (가격) 지지의 힘을 보여준다.

만약 수염이 없다면 종가 방향으로 시장을 읽어야 한다. 양봉은 전일보다 올랐다는 의미가 아니라, 오늘 시작한 가격보다 마감 시 가격이 높다는 뜻이다. 그리고 몸통 길이는 시장 정서의 강약을 보여준다. 몸통이 지난 5개에서 10개의 몸통보다 3배 이상 길 경우 이를 장대양봉 또는 장대음봉이라고 한다. 보통 장대 캔들이 만들어지면 이후 사흘 정도는 가격 조정을 받게 된다. 같은 모양의 캔들이라도 추세의 어느 위치에 나타났는지에 따라 이름을 붙여 다르게 해석하게 된다. 이는 뒤에서 더 자세하게 설명할 예정이다.

캔들 두 개를 이어 보면 총 144개의 캔들이 생성된다. 양봉과 음봉, 도지(3개), 위 꼬리의 유무(2개), 아래 꼬리의 유무(2개)를 적용해 곱하면 총 12개가 생성되고, 이로서 두 개가 만들어지면 총 144개이기 때문이다. 두 개의 캔들이 만들어내는 형태는 모두 다음에 무엇이 나타날 것인지를 알려주는 '예고' 형태를 띤다.

이렇게 두 개의 캔들이 이어지면서 갭(Gap) 현상이 나타나게 된다. 갭은 전일 종가보다 시가가 높게 시작하는 갭 업(Gap Up)과, 전일 종가보다 시가가 낮게 시작하는 갭 다운(Gap Down)으로 나뉜다.

앞서 캔들이 한 개일 경우 심리를 볼 수 있다 했고, 두 개의 캔들로는 예상을 해볼 수 있다고 했다. 세 개 이상의 캔들을 분석하면 마켓 타이밍을 결정할 수 있게 된다. 즉, 투자자들이 가장 경계하는 불확실성은 캔들을 분석할수록 감소하게 될 것이다. 캔들 세 개 이상이 만들어내는 패턴으로는 추세를 예상해볼 수 있기 때문이다. 이런 복합선은 뒤에서 좀 더 자세히 설명할 예정이다.

CHAPTER 04
캔들 모양이 보여주는
시장의 흐름

장대양봉

장대양봉이란 시가에서 종가까지 거의 일직선으로 올라가 큰 상승을 보여주는 모양으로 주식시장의 경우, 시가의 10% 정도 상승률이 기준이 된다. 장대양봉은 매수 의욕이 매우 강할 때 나타난다. 꼬리의 유무 또는 길이 등에 따라 그 후의 시세 전개가 미묘하게 바뀐다.

장대음봉

장대음봉이 나타나면 투자자들은 크게 실망한다. 장대양봉과는 정반대라고 말할 수 있다. 시가에서 큰 폭으로 하락해 저가권에서 끝나버리기 때문에 시세는 '강한 약세'를 보인다. 그 모양을 확인해 보자.

[그림 14] 장대양봉

기본형

① 민머리 장대양봉(낮은 시가, 높은 종가✦)

캔들의 특징: 위 꼬리, 아래 꼬리가 없는 장대양봉.
매수 심리: 강한 상승 기대.
시세 암시: 대폭 상승.

② 아래 꼬리 장대양봉(높은 종가)

캔들의 특징: 위 꼬리가 없는 장대양봉.
매수 심리: 강한 상승 기대.
시세 암시: 대폭 상승.

③ 위 꼬리 장대양봉(낮은 시가)

캔들의 특징: 아래 꼬리가 없는 장대양봉.
매수 심리: 상승 기대. 때로 실망, 고가 경계감.✦
시세 암시: 상승 중 잠깐 휴식.

위 꼬리가 긴 것이나 고가권에서 나타났을 때에는 주의해야 한다.
→ 일부 투자자는 차익을 남기고 매도하기 시작하고 있다.

✦ **높은 종가** 그날(주, 월)의 가장 높은 가격으로 거래가 끝나는 것을 의미한다. 고가와 종가가 같기 때문에 캔들에 위 꼬리는 달리지 않는다.

✦ **고가 경계감** 양봉이지만 고가를 찍고 살짝 내려오면서 꼬리가 형성되었기 때문에 시가에 대비해 오른 양봉은 인식되지만, 더 이상 오르지는 못할 수도 있다는 매수자의 부담을 표현한다.

[그림 15] 장대음봉

기본형

① 민머리 장대음봉(높은 시가, 낮은 종가)

캔들의 특징: 위 꼬리, 아래 꼬리가 없는 장대음봉.

매수 심리: 강한 실망.

시세 암시: 대폭 하락.

② 아래 꼬리 장대음봉(높은 시가)

캔들의 특징: 위 꼬리가 없는 장대음봉.

매수 심리: 강한 실망.

시세 암시: 하락 중 잠깐 휴식.

아래 꼬리가 길고 저가권에서 나타났을 때에는 주의해야 한다.

→ 곧 바닥을 치기 쉽다.

③ 위 꼬리 장대음봉(낮은 종가)

캔들의 특징: 아래 꼬리가 없는 장대음봉.

매수 심리: 절망.

시세 암시: 대폭 하락.

양봉

양봉이란 종가가 시가보다 높고 위아래에 짧은 꼬리가 있는 경우도 있으며 몸통 부분의 길이가 주가 등의 약 3% 정도인 모양을 의미한다. 연속해서 나타나면 장대양봉과 이어지는 경우를 많이 볼 수 있다. 몸통의 길이나 꼬리 유무, 또는 길이 등에 따라 그 후의 시세 전개가 미묘하게 바뀐다.

음봉

양봉과 대칭을 이루는 형태로 종가가 시가보다 낮고 위아래에 짧은 꼬리가 달린 것이다. 전반적으로 시세의 약보합✦을 나타낸다.

십자선

시가와 종가가 같은 선으로 '도지선'이라고도 부른다. 십자가를 닮은 형태에서 '크로스'라고 부르기도 한다. 일반적으로 시세 전환의 징조로 나타난다. 또, 나타나는 위치에 따라 그 이후 시세의 전개가 크게 바뀐다.

✦ **약보합** '보합'은 매수, 매도가 서로 대항해 주가 등이 위아래로 큰 움직임이 없는 상태를 의미한다. 그중에서 약간 하락하는 기미를 보이는 것을 '약보합'이라고 하고, 약간 상승하는 기미를 보이는 것을 '강보합'이라고 한다.

[그림 16] 양봉

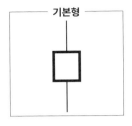

기본형

① 아래 꼬리 양봉(망치형 양봉)

캔들의 특징: 아래 꼬리가 몸통과 위 꼬리를 합한 것보다 길다.
매수 심리: 상승 기대.
시세 암시: 상승 지속.

② 팽이형 양봉

캔들의 특징: 위 꼬리, 아래 꼬리가 모두 길고 몸통이 짧다.
매수 심리: 상승 기대감 속 망설임.
시세 암시: 시세 전환점이 가까움. 때로 시세 가속화.

③ 위 꼬리 양봉(역망치형 양봉)

캔들의 특징: 위 꼬리가 몸통과 아래 꼬리를 합한 것보다 길다.
매수 심리: 고가 경계감, 실망.
시세 암시: 조정국면으로 들어감.

위 꼬리가 만들어지는 가격대에서 매수한 투자자는 실망하게 되고,
매수하려는 투자자는 불안해하게 된다.

④ 우산형 양봉(망치형 양봉)

캔들의 특징: 위 꼬리가 없고 아래 꼬리가 극단적으로 길다.
매수 심리: 상승 기대.
시세 암시: 저가권에서 나타나면 반발, 고가권에서 나타나면 반락.

고가권에서 나타났을 때에는 주의해야 한다.
→ '교수형 캔들(224쪽 참조)'이 되기 쉽다.

[그림 17] 음봉

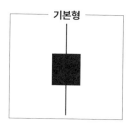

기본형

① 아래 꼬리 음봉(망치형 음봉)

캔들의 특징: 아래 꼬리가 몸통과 위 꼬리를 합한 것보다 길다.
매수 심리: 실망.
시세 암시: 하락 중 잠깐 휴식.

② 팽이형 음봉

캔들의 특징: 위 꼬리, 아래 꼬리가 모두 길고 몸통이 짧다.
매수 심리: 실망 속 망설임.
시세 암시: 시세 전환점이 가까움. 때로 시세 가속화.

③ 위 꼬리 음봉(역망치형 음봉)

캔들의 특징: 위 꼬리가 몸통과 아래 꼬리를 합한 것보다 길다.
매수 심리: 실망.
시세 암시: 지속적으로 하락.

④ 우산형 음봉(망치형 음봉)

캔들의 특징: 위 꼬리가 없고 아래 꼬리가 극단적으로 길어지기도 한다.
매수 심리: 실망.
시세 암시: 저가권에서 나타나면 반발, 고가권에서 나타나면 하락.

[그림 18] 십자선

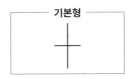

기본형

① 망치형 십자선

캔들의 특징: 위 꼬리가 없고 아래 꼬리가 극단적으로 길다.
매수 심리: 상승 기대.
시세 암시: 저가권에서 나타나면 반발, 고가권에서 나타나면 하락.

② 잠자리형 십자선

캔들의 특징: 위 꼬리도 있지만 아래 꼬리가 극단적으로 길다.
매수 심리: 상승 기대감 속 망설임.
시세 암시: 저가권에서 나타나면 반발, 고가권에서 나타나면 하락.

③ 긴다리 십자선

캔들의 특징: 위 꼬리, 아래 꼬리가 모두 상대적으로 길다.
매수 심리: 망설임.
시세 암시: 시세의 전환점이 가깝다. 때로 시세 가속화.

④ 비석형 십자선

캔들의 특징: 아래 꼬리가 없고 위 꼬리가 극단적으로 길다.
매수 심리: 실망.
시세 암시: 저가권에서 나타나면 반발, 고가권에서 나타나면 하락.

⑤ 일자형 십자선

캔들의 특징: 꼬리가 전혀 없다(시가가 그대로 종가가 됨).
매수 심리: 지켜봄.
시세 암시: 시세의 전환점이 가깝다. 때로 시세 가속화.

투자자의 심리 변화를 주목하라

캔들차트는 앞서 시세 동향의 강약, 매수와 매도의 세력 관계, 투자자의 심리상태 등을 나타낸다고 설명했는데 그중에서도 투자자의 심리 변화에 주목해야 한다. 예를 들면, 상승 시세 도중에 더욱 강한 지원 재료가 나타났을 때 일반적으로 투자자는 매수를 늘리거나 신규 매매를 한다. 그러나 그 후, 시세는 지속적인 상승을 보이지 않고 완만하게 종반을 향해 달린다고 하자. 그런 상태를 본 투자자들은 각자의 성향에 따라 달리 움직인다. 과감한 투자자는 매수를 더욱 늘리는 한편 신중한 투자자는 차익을 확보하기 위한 매매를 우선할 것이다. 이처럼 시세에 대한 전망이 투자자에 따라 다를 때 발생하는 캔들 모양은 매우 흥미로운 모습을 보인다.✦

투자자의 심리를 잘 나타내는 예로는 '갭' 출현이 있다. 이는 투자자의 불안한 심리상태가 만들어내는 전형적인 현상이다. '갭' 출현이란 그때까지의 시세의 흐름이 가속화되어 시장가 주문(매수 또는 매도)✦이 쇄도하고 있는 상태로 주봉 캔들의 경우 지난 주의 고가(또는 저가)와 이번 주의 저가(또는 고가)가 엇갈리지 않고 두 캔들

✦ **시세에 대한 전망이 다를 때** 예를 들어, 213쪽의 '고가 경신 중 십자선'이나 228쪽의 '상승장 갭 상승(갭 업) 음봉'이 여기에 해당한다.

[그림 19] 갭(Gap)

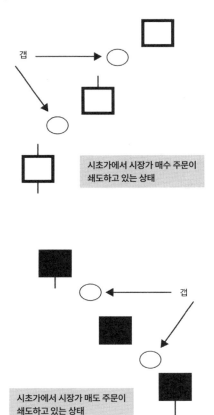

갭 →

시초가에서 시장가 매수 주문이
쇄도하고 있는 상태

← 갭

시초가에서 시장가 매도 주문이
쇄도하고 있는 상태

✦ **시장가 주문** 유가 증권의 매매를 주문할 때 매매 가격을 정하지 않고 그날의 시세대로
매매해 달라고 하는 주문 방법이며, 거래를 빠르고 확실하게 진행하고 싶을 때 주로 이
용된다. 반의어는 '지정가 주문'이다.

가격에 겹쳐지는 가격대가 없이 한쪽 방향으로만 움직이면서 두 개의 '캔들' 사이에 발생하는 공간을 가리킨다. 그림 19에서 좀 더 자세히 살펴볼 수 있다. 이는 수급 균형이 무너졌기 때문에 발생하는 현상이며, 개장 시점에서 대량의 시장가 매수 주문이 몰리는 경우 또는 시장가 매도 주문이 몰리는 경우에 나타난다.

더욱 정확한 정보가 드러나는 복합선

캔들은 단선으로도 중요한 의미를 가지지만 2개 이상의 캔들이 조합해 복합선이 되면 시세의 진짜 모습이나 투자자의 심리 상태를 보다 정확하게 전해준다. 복합선에 대해서는 제4부에서 좀 더 자세히 설명해두었다.

단선이든 복합선이든 시세의 천장(고가권)에서 나타났는가, 바닥(저가권)에서 나타났는가, 그리고 시세에 흐름이 시작된 시점에서 나타났는가, 아니면 상당 기간 지난 이후에 나타났는가를 중요하게 보아야 한다. 또한 캔들 모양이 나타나는 위치도 놓쳐서는 안 되는 중요한 포인트다.

제3부

성공 투자를
부르는
캔들차트
시그널

+

눈앞의 작은 가격 변동에 경거망동하는 것은

초보 투자자들에게서 자주 볼 수 있는 모습입니다.

진짜 고수는 눈앞에서 펼쳐지는 가격의 소폭 등락에는

관심을 기울이지 않고

시세의 큰 흐름만 주시합니다.

— 혼마 무네히사

CHAPTER 01

가장 중요한 가격은
'종가'

캔들이 시장을 지배한다

캔들의 복합선을 소개하기 전에 시장에서 성투 그룹에 들어가기 위한 기술적인 비결을 몇 가지 설명하려 한다. 이 비결을 익혀두면 캔들의 위력에 관해 좀 더 깊이 이해할 수 있다.

이미 보았듯 캔들은 하루(또는 일주일, 한 달)의 시가, 종가, 고가, 저가로 구성된다. 성투 그룹에 들어가기 위해 우선 이 4가지의 가격 중에서 '종가'가 가장 중요하다는 점을 기억해야 한다. 그 이유는 다음과 같다.

'종가'는 대다수의 시장 참가자들이
적정하다고 인정한 가격이다

일반적으로 시세는 첫 매매가 이루어진 후에 다양한 뉴스, 소문 등의 재료에 의해 위아래로 오르내린다. 그리고 거래 종료 시간이 다가올 즈음에는 시세를 변동시킨 요인은 충분히 시장 참가자들에게 침투된다. 그래서 시세에 정통한 투자자는 현재의 시세 환경에 비추어 볼 때 보유하고 있는 주식 등의 시가가 상대적으로 높은지 낮은지, 또 장래에 그 가격을 유지할 수 있을지를 깊이 생각하고 상황에 맞게 포지션을 조정한다.

통상 이런 거래는 그때까지의 시세의 흐름과 반대 방향이기 때문에 거래 종료 시간이 가까워지면 시세 흐름에 변화가 발생하는 경우도 적지 않다.✦ 이 변화가 투자자에게 있어서 예상 밖의 움직임이라면 순간 당황할 수 있다. 이익을 확보하기 위해서, 또는 손실을 최소한으로 줄이기 위해서 매매를 하는 투자자도 나온다. 그러나 본인의 시각에 자신감을 가지고 있는 투자자는 필요한 포지션 조정 이외의 행동은 하지 않는다.

그리고 장이 마무리될 때 '최종 시세'를 맞이하는데 이런 움직임

✦ **시세 흐름의 변화** 예를 들면 상승장에서의 하락 등이다.

의 결과인 '종가'는 시장 참가자들이 그 주식 가격이 현재의 시세 환경에서는 가장 적당하다고 인정한 가격이라고 말할 수 있다. 동시에 '종가'는 시장에 소용돌이치는 이익 추구에 대한 욕망이 응축됨에 따라 필연적으로 결정된 가격이라고도 생각할 수 있다.

꼬리 길이로
매도 매수 시점을 잡는다

예를 들어, 거의 확정적으로 '위꼬리 장대양봉'이 형성될 듯한 날이라고 해도 종반으로 갈수록 고가에서 내리누르는 압력의 강약에 의해 위쪽 꼬리의 길이가 달라질 수 있다. 그리고 꼬리가 길면 길수록 매도 압력이 증가하고 있다는 사실을 알 수 있다. 그림 20에서 그 차이를 좀 더 자세히 살펴볼 수 있다.

[그림 20] 위꼬리 장대양봉과 매도 압력

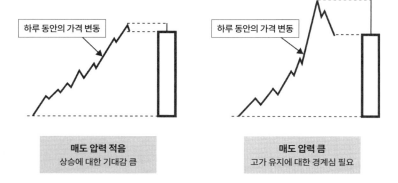

하루 동안의 가격 변동

매도 압력 적음
상승에 대한 기대감 큼

하루 동안의 가격 변동

매도 압력 큼
고가 유지에 대한 경계심 필요

82 　　　　　　　　　　　　　　　　　　　　　　　　캔들차트 사용설명서

CHAPTER 02

매매는 타이밍,
그것이 전부다

초초하면 진다

시세는 매수와 매도가 특정 시점에서 서로 납득한 가격으로, 거래가 이루어지면서 성립된다. 그러나 매수든 매도든 반드시 충분히 만족할 수 있는 가격으로 거래가 이루어지는 것은 아니다.

시세가 한 단계 더 상승할 것이라고 전망하는 투자자라면 본래 가격보다 10% 정도 더 낮은 가격으로 매수하고 싶지만 그 가격에 매수하지 못하는 사태를 피하기 위해 어쩔 수 없이 시장가 매수 주문으로 방침을 변경하는 경우를 자주 볼 수 있다. 한편 시세가 한 단계 더 하락할 것이라고 전망하는 투자자는 보유한 자산의 손실을 최소한으로 억제하는 것이 최우선이기 때문에 시장가 매도 주문을 내기도 한다.

시장 참가자라면 당연히 항상 기민하게 움직여야 한다. 그러나 동시에 '초조한' 감정은 버려야 한다. 초조한 감정은 시장 참가자에게 또 한 가지 항상 요구되는 감정인 냉정함을 잃게 만든다. 그 결과, 바닥권에서 팔아치우고 천장권에서 대량 매수를 하는 안타까운 사태를 초래하는 것이다. 투자자로서 성투 그룹에 들어가려면 냉정함을 유지하고 시세를 객관적으로 분석하는 수단을 가지고 있어야 하며 그런 점에서 캔들차트는 가장 적합한 재료 중의 하나다.

저항선을 아는 사람이 시장을 지배한다

그림 21을 보자. 상승 시세 속에서 장대양봉을 세운 다음, 다시 양봉이 나타나기는 했지만 고가를 경신하지는 못하는 상황을 보여주는 복합선으로 '저항선'이라고 불리는 형태가 생성되었다. 상승 과정에서 나타난 장대양봉을 확인한 투자자는 시세가 한 단계 더 상승할 것이라고 생각한다. 또 그때까지의 모양을 보고 뛰어든 투자자들도 매수 주문을 넣으면서 대폭 상승하길 기대한다.

그러나 여기서부터가 중요하다. 당연하지만 신규 참가자를 포함해 모든 투자자의 눈은 이제 곧 고가가 경신될 것인가, 그리고 경신이 되는 경우에는 어느 정도나 상승을 할 것인가에 집중되어 있다.

[그림 21] 저항선

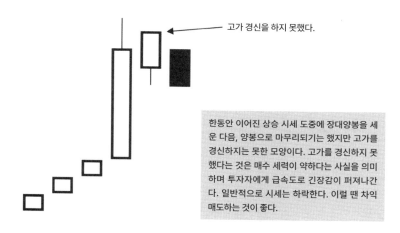

고가 경신을 하지 못했다.

한동안 이어진 상승 시세 도중에 장대양봉을 세운 다음, 양봉으로 마무리되기는 했지만 고가를 경신하지는 못한 모양이다. 고가를 경신하지 못했다는 것은 매수 세력이 약하다는 사실을 의미하며 투자자에게 급속도로 긴장감이 퍼져나간다. 일반적으로 시세는 하락한다. 이럴 땐 차익 매도하는 것이 좋다.

그러나 분명히 양봉 마감✦이기는 하지만 거래 시간 종료 시각이 다가오는데도 고가 경신이 되지 않는 경우, 투자자 사이에 급속도로 초조함이 퍼져나간다.

이 감정은 투자자에게 두 가지 선택지를 제시해 결단을 재촉한다. 차익을 남기고 매도할 것인가, 더 기다려야 할 것인가. 여기서 '저항선'의 존재를 알고 있는가, 그렇지 않은가에 따라 후속 대응에는 커다란 차이가 발생한다.

✦ **양봉 마감** 양봉을 만들고 마감되는 형태로, 시가보다 높은 가격으로 거래가 마감된 것을 가리킨다.

가장 중요한 가격은 '종가'다. 마감될 때의 시세 동향을 주시하고 있는데 고가가 경신될 확률이 거의 제로에 가까운 경우, 저항선의 존재를 알고 있는 투자자는 그 완성된 모습을 예상할 수 있다. 그리고 다음 주를 기다리지 않고 적어도 보유 주식 일부를 차익 매도할 가능성이 높다.

　그러나 유감스럽게도 저항선 그 자체나 형성 과정을 모르는 투자자는 보유 주식을 그대로 방치해버려 상승에 대한 기대와 초조함 사이에서 갈등하게 된다. 이윽고 매도 압력이 증가하면 시세는 하락 속도가 빨라지고 그제야 비로소 매도에 나선다. 이처럼 캔들 차트의 다양한 모양의 특성을 알고 있는가 하는 것은 매매 기술에 커다란 영향을 끼친다.

CHAPTER 03

캔들 위치에
주목하라

장대양봉이 나타났다 해서
항상 매수 타이밍인 것은 아니다

캔들 모양을 볼 때 시세 사이클 안에서 어디에 나타났는가에 주의해야 한다. 같은 모양이라고 해도 나타나는 위치에 따라 의미가 다르기 때문이다. 예를 들어, 장대양봉 자체는 매우 강한 캔들 모양이다. 그러나 시세가 상승하는 도중에 '하락 음봉을 품은 장대양봉'으로 발생하는 장대양봉 등은 투자자의 상승에 대한 기대감을 배신하게 된다.

상승 시세가 이어지면 일반적인 투자자는 더 상승하기를 기대하는 심리에서 매도 가격을 더 높은 가격에 맞추고 기다리려는 경향이 있다. 한편, 지금까지 매도 숏 포지션⁺을 쌓아온 단기 투자자

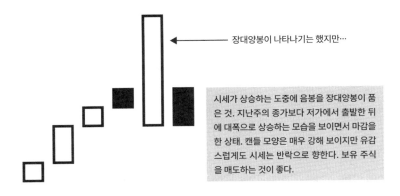

[그림 22] 상승 음봉을 품은 장대양봉

← 장대양봉이 나타나기는 했지만…

시세가 상승하는 도중에 음봉을 장대양봉이 품은 것. 지난주의 종가보다 저가에서 출발한 뒤에 대폭으로 상승하는 모습을 보이면서 마감을 한 상태. 캔들 모양은 매우 강해 보이지만 유감스럽게도 시세는 반락으로 향한다. 보유 주식을 매도하는 것이 좋다.

등은 손실을 감당할 수 없는 수준까지 시세가 상승해버리면 되살수밖에 없다. 손실을 각오한 이런 되사기 등은 시장의 수급 균형을 일시적으로 무너뜨려 시세를 급격하게 상승시키기도 한다.

즉, 상승 시세가 이어진 뒤에 고가권에서 나타나는 장대양봉은 반드시 신규 매수나 매수 증가 등에 의해 발생하는 것이 아니라 투자자가 매도 주문을 보유하고 있는 도중에 단기 투자자 등이 재매수하면서 가격이 급등해 장대양봉을 만들었다고 볼 수도 있다.

✦ **숏 포지션** Short Position. '매수'를 '롱'이라고 부르는 것처럼 '매도'는 '숏'이라고 부른다. '숏 포지션'은 '매도 포지션'을 보유하고 있는 상태나 수량을 가리킨다.

같은 장대양봉도 위치에 따라
의미가 완전히 달라진다

　물론 '하락 음봉을 품은 장대양봉'의 존재를 모르면 장대양봉의 출현에 들떠 영원한 잔치를 꿈꾸겠지만 상승 시세의 초기 단계에서 나타나는 근거가 확실한 장대양봉과 상당 기간 상승 시세가 이어진 뒤에 고가권에서 발생하는 상승 근거가 희박한 장대양봉은 전혀 다른 의미를 지닌다.

　따라서 '장대양봉 출현 → 시세 강함 → 매수'라는 단순한 발상에서 한 걸음 물러나 시세와 맞서 냉정한 판단을 내릴 수 있는 자세를 갖추어야 한다. 그렇게 하기 위해서도 캔들 모양이 출현한 위치를 주의 깊게 살펴야 한다.

High
Open
Real Body
Close
Low

High
Close
Real Body
Open
Low

제4부

캔들차트의
복합선
이렇게
읽는다

+

현재 시세를 볼 때 본격적인 상승장인가 하락장인가,

아니면 소폭 등락을 거듭하는 횡보장인가,

본격적인 상승장 혹은 하락장이라면

어디쯤이 바닥이고 어디쯤이 천장인가,

현재는 어떤 수준인가 등을 꼼꼼히 따져본 후

바닥에 가까울 때 사고, 천장에 가까울 때 판다는 생각만 합니다.

그 밖의 시간에는 투자를 멈추고

절호의 매수 혹은 매도 시점이 올 때까지 진득하게 기다립니다.

— 혼마 무네히사

지금까지 해설해온 포인트를 염두에 두고 캔들차트의 복합선을 분석해보기로 한다. 캔들은 단선도 중요한 의미를 가지지만 두 개 이상의 조합(복합선)이 되면 투자자의 심리 변화나 구체적인 행동 등이 반영된 시세의 진정한 모습을 보다 정확하게 전해준다. 차트의 각종 캔들 모양은 '주봉'을 사용했다.

또, 시세 사이클의 어디에서 출현하는가 하는 것이 중요하다는 점에서 캔들 모양의 해설 순서는 가능하면 앞에서 소개한 "강세장은 비관 속에서 태어나, 회의 속에서 자라며, 낙관 속에서 성숙하고, 행복 속에서 죽는다"는 격언을 따라 배열했다.

- '일봉'은 시세 흐름이 나오기 어렵기 때문에 투자자들의 심리가 충분히 반영되어 있지 않을 우려가 있다는 점.
- '월봉'은 지난 달과 이번 달의 실체가 겹쳐지기 쉽고 투자자의 심리를 반영하는 캔들이 형성되기 어렵다는 점.

　　한편, 다음과 같은 점들에 주의해서 읽어보시기를 바란다.

- 개별 기업의 주가 차트를 소개하고 있는데 이것은 특정 종목의 매매를 장려하려는 의도는 전혀 아니라는 점.
- 각종 캔들 모양이 시세를 암시해주는 상황에서 투자자에게 가장 바람직한 행동을 제시하고 있지만 전쟁이나 정변 발발 등의 특수한 상황 아래에서는 이것이 반드시 적용되는 것은 아니라는 점.
- 저자, 출판사는 매매에 관한 손실이나 손해 등에 관해서는 책임지지 않기 때문에 투자는 독자 여러분의 판단에 근거해 실행하라는 점.
- 캔들을 볼 때 심리적 착각이 일어날 수 있음에 주의할 것. 양봉이면 전일 종가보다 가격이 +로 보일 수 있다는 점에 주의할 것. 양봉이 연속되어도 주가는 계속 -일 수 있다는 점.
- 사례 차트를 읽을 때 양봉이지만 전일보다 가격이 낮다는 것을 연상할 수 있어야 성공할 수 있다는 점을 기억할 것. 복합선으로 캔들이 겹칠 때 해당 캔들의 시가가 전일 종가보다 +인지 -인지 인식하는 것이 중요하다는 점.

CHAPTER 01

바닥을 암시하는 캔들

1. 삼공(三空) 두드리기

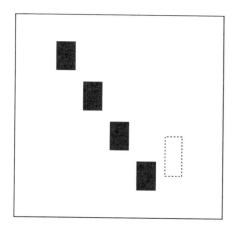

◎ 캔들의 특징

하락장 도중에 예상을 웃도는 악재가 나오는 등의 이유로 음봉 4개가 연속으로 발생해 각 음봉 사이에 '갭'이 발생했다.

◎ 매수자의 행동과 심리 상태

당황한 투자자는 손실을 최소한으로 줄이기 위해 장이 열리자마자 매도 주문을 낸다. 시장은 약세로 돌아서 있을 것이다. 투자자의 절망감은 절정에 달하고 저가에서 벗어날 전망이 보이지 않아 공포에 사로잡힌다.

◎ 상황 분석과 시세 암시

매도가 매도를 부르는 전개는 뒤집어보면 투자자의 매수 잔고(롱 포지션)가 급속도로 감소하는 상태라는 뜻이다. 가격은 펀더멘털에서 일시적으로 아래쪽으로 크게 동떨어져 상대적으로 낮은 수준이 되었다. 매도 일변도(투자자의 매수 잔고는 거의 소멸) 이후, 시세는 다시 상승할 것이다.

◎ 실제 사례

다음 차트는 우베흥산(宇部興産)의 주봉이다. 2000년 7월에 천장을 찍은 후 하락 추세가 이어졌지만 9월 둘째 주부터 연속되는 4개의 음봉들 사이에 갭이 발생하면서 '삼공 두드리기'✦가 발생했다. 10월 첫째 주에는 장대양봉을 세우고 시세는 바닥까지 떨어졌지만 되살아나면서 고가를 달성했다.

✦ **삼공 두드리기** 주봉에서 순수한 삼공(꼬리도 포함해 갭이 열리는 것)이 발생하는 경우는 드문 일이며 캔들의 몸통과 몸통 사이의 갭이 3개 연속해서 만들어지는 경우를 넓은 의미에서 '삼공'이라고 본다.

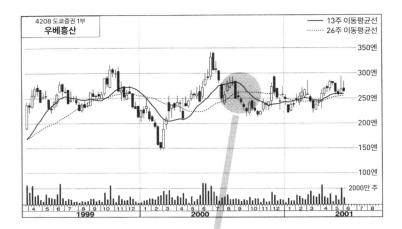

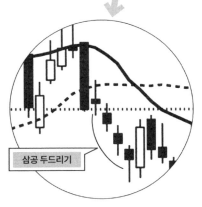

삼공 두드리기

"한발 앞서 매수해야 할 기회라고 보면 된다."

　　　　　　　　　　　　　　　　　캔들차트 사용설명서

2. 3연속 장대음봉

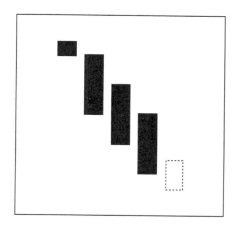

◎ 캔들의 특징

하락 시세 도중에 3연속으로 장대음봉이 나타난 형태로 언뜻 보기에는 매우 약한 장세라고 생각하기 쉽다.

◎ 매수자의 행동과 심리상태

대부분의 투자자가 절망과 공포 때문에 보유 종목을 팔아치우는 상태다. 세 번째의 장대음봉 형성과정에서 매도할 수밖에 없었던 투자자는 '두 번 다시 시장에 참가하지 않겠다'고 후회하고 있을 것이다.

◎ 상황 분석과 시세 암시

첫 번째 장대음봉이 나타나기 전에도 하락 시세가 이어졌지만 비교적 완만했기 때문에 일시적인 조정 국면에 들어간 것에 지나지 않는다고 생각했던 투자자도 많지 않았을까 싶다. 따라서 시장의 매수 잔고(롱 포지션)는 그다지 줄어들지 않았고 악재가 첫 장대음봉을 형성한 뒤에야 비로소 정신이 들어 대부분의 투자자가 손실을 최소화하기 위한 행동을 한 것이라고 생각할 수 있다.

그러나 투매에도 매수세가 보이지 않아 시세는 그 수준을 크게 밑도는 쪽에서 간신히 거래가 성립되어 있고 정신을 차려보니 3주일 동안이나 연속해서 장대음봉이 되어 있는 참담한 상태다.

결국 시장의 매수 잔고는 소멸되어 버린다. 이 시점에서 주가는 펀더멘털을 크게 밑돌고 하락 후에 상승으로 이어진다. 기술적으로는 세 번째의 장대음봉으로 매수 타진⁺을 하고 다음 주의 양봉을 확인한 뒤에 매수를 늘리는 것이 효과적이다.

✦ **매수 타진** 시세의 방향성이 확실하지 않을 때 적은 양의 매수 주문을 넣어 시세를 살피는 행동을 의미한다.

◎ **실제 사례**

다음 차트는 FDK의 주봉이다. 2001년 2월 셋째 주부터 장대음봉이 3개 연속 나타나 '3연속 장대음봉'을 만들었다. 그 후, 3월에 한 단계 더 낮은 시세를 보였지만 네 번째 주에 장대양봉을 세우고 '고가 회복'+을 달성하는 전개를 보였다.

✦ **고가 회복** 시세가 상승으로 전환된 이후에 형성된 고가를 의미한다. '고가 회복을 시도한다'는 말은 하락 전의 고가에 대해 어느 정도까지 되돌아올 것인지 보여주듯 고가를 향해 움직이는 것을 의미한다.

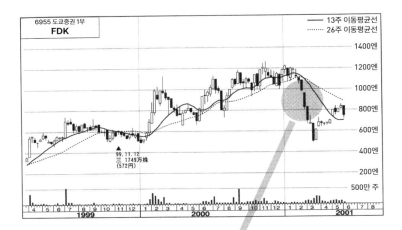

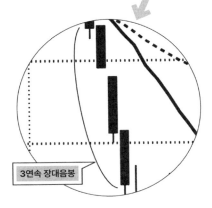

3연속 장대음봉

"보유 주식 매수를 검토해본다."

3. 하락 양봉을 품은 장대음봉

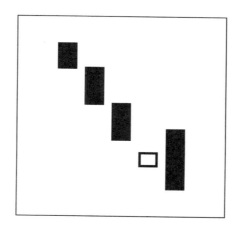

◎ 캔들의 특징

하락 시세 도중에 장대음봉이 양봉을 품은 형태를 의미한다. 지난 종가보다 크게 오른 상태에서 시가가 형성되었지만 최종적으로 대폭 하락하면서 내려앉은 상태를 의미한다.

◎ 매수자의 행동과 심리상태

한동안 이어진 하락 시세 때문에 투자자는 지쳐 있는 상태일 것이다. 그런 상황에서 양봉 하나가 나타나 한숨 돌렸지만 다음 주에 장대음봉이 형성되면서 투자자는 다시 절망의 늪에 빠진다.

◎ 상황 분석과 시세 암시

하락 국면에서의 양봉은 일부 투자자들이 하락세에서 저점을 인식하는 동시에 반발 매수 시에 매도 압력 정도를 타진해보기 위한 매수 주문을 넣고 있는 상태라는 사실을 의미한다. 장대음봉이 된 주에는 지난주 종가를 크게 웃돈 수준에서 시가가 형성되었는데 이것은 투자자들 중에 시세의 반전을 바라고 비싼 가격으로 추격매수를 하는 식으로 매수 의욕이 돌아왔다는 사실을 의미한다. 시세가 자율적인 반발 국면을 맞이하고 있다. 예상치 못한 악재가 나왔기 때문에 투자자의 매도 주문이 대량으로 쏟아져 들어오면서 장대음봉이 형성되었지만 곧 악재가 사라지고 내림세가 멈추었다고 보아 바닥권에서 빠져나와 상승세로 전환된다.

◎ 실제 사례

다음 차트는 야마타케(山武)의 주봉이다. 시세가 하락하는 도중, 2001년 3월 셋째 주의 장대음봉이 지난주의 양봉을 품어 '하락 양봉을 품은 장대음봉'[+]이 나타났다. 시세는 바닥을 치고 반발했다.

[+] **하락 양봉을 품은 장대음봉** 양봉에 이어 장대음봉이 세워지면서 양봉의 고가와 저가가 장대음봉의 시가와 종가 사이에 수렴되는 것을 말한다. 반대로, 음봉에 이어 장대양봉이 세워진 것은 '음봉을 품은 장대양봉'이 된다. '양봉을 품은 장대음봉'에 관해서는 243쪽, '음봉을 품은 장대양봉'에 관해서는 151쪽을 참조하면 된다.

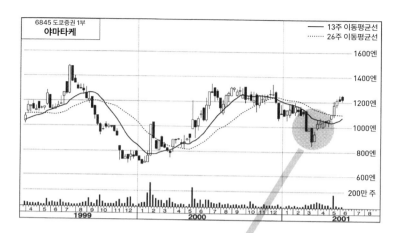

6845 도쿄증권 1부
야마타케

—— 13주 이동평균선
········ 26주 이동평균선

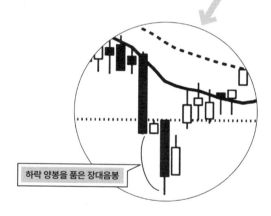

하락 양봉을 품은 장대음봉

"매수할 기회가 찾아온 것이라고 봐도 된다."

4. 새벽을 알리는 샛별

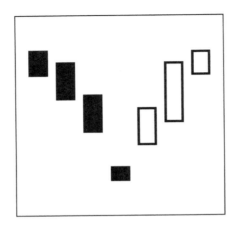

◎ 캔들의 특징

앞뒤의 캔들 사이에 '갭'이 발생해 동떨어져 있는 양봉을 '샛별'이라고 한다. 또한 샛별 출현을 계기로 하락 시세가 상승세로 전환된 형태를 '새벽을 알리는 샛별'이라고 한다. 또한 이를 섬꼴 반전(Island Reversal)이라고도 한다. 상승 또는 하락 추세에서 발생하는 경우를 이른다.

◎ 매수자의 행동과 심리상태

하락 시세가 이어지면 투자자는 실망하기 시작한다. 일부 투자자는 이미 손실을 견디지 못하고 보유 주식을 던져버렸다. 그러나 그 직후에 시세가 갑자기 상승해, 투자자들은 더 오를 것이란 기대 속에 매수 주문을 이어간다.

◎ 상황 분석과 시세 암시

이른바 '셀링 클라이맥스'의 전형적인 모습이다. 지금까지 견뎌 냈던 투자자들의 마지막 던지기 때문에 시세는 아래쪽으로 갭 다 운을 발생시켰다. 거래소 등이 문을 닫고 있는 주말에 한층 더 나쁜 악재가 나타났기 때문에 보유 주식을 처분할 수 없다가 다음 주 초 에 시작과 동시에 시장가 매도 주문이 쇄도한 것이라고 추측할 수 있다.

그러나 이 경우에 주목해야 할 점은 '샛별' 부분의 몸통이 짧다는 것이다. 갭 다운을 발생시킬 정도의 매도 주문이 밀려들었는데도 종가는 시가와 그다지 차이가 없다. 이것은 매도 주문 대부분이 소 화되었다는 사실을 의미하며 잠재적인 반발력이 매우 강하다는 사 실도 알려 준다.

그 후에도 하락이 지속된다면 시세는 한 단계 더 낮아지는 모습 을 보이지만 아마 기업에서는 하락을 막기 위해 악재를 공식적으 로 부정할 것이다. '샛별'을 형성한 다음 주는 상황이 완전히 반전 돼, 시장가 매수 주문이 집중되면서 위쪽으로 갭 상승이 발생한다. 그렇게 되면 지금까지 비관적이었던 투자자들에게 희망이 생기면서 점차 매수 주문이 들어오기 시작한다. 그 후, 시세가 상승하면 할수록 투자자의 기대감은 높아진다.

◎ 실제 사례

다음 차트는 교리쓰마테리얼(共立マ)의 주봉이다. 1999년 8월 이후, 하락 시세가 이어지는 도중, 1999년 12월 마지막 주에 장대 음봉이 형성되고 다음 주에는 아래쪽으로 동떨어진 짧은 양봉이 출현, '3연속 뒤얽힘'✦을 보인 후에 장대양봉을 세웠다. 이때 아래 쪽으로 동떨어져 만들어진 짧은 양봉이 '새벽을 알리는 샛별'이다. 시세는 바닥을 치고 강하게 상승했다.

✦ **3연속 뒤얽힘** 시세가 소폭의 상하 움직임을 반복해 올라간다거나 내려간다는 판단을 하기 어려운 상황이 3주간 이어지는 것을 '3연속 뒤얽힘'이라고 한다.

"신규 매수를 할 기회라고 보인다.
매도한 주식을 되사는 것도 검토해볼 만하다."

✦ **메이쇼 2부** 메이쇼(名証)는 나고야증권거래소(名古屋証券取引所)를 가리키는 명칭
이다. 나고야증권거래소는 도쿄증권거래소, 오사카증권거래소와 어깨를 나란히 하는
일본 증권거래소의 하나다. 그러나 상장되어 있는 기업 대부분이 도쿄증권거래소와 중
복 상장되어 있기 때문에 유동성이 적고 도쿄증권거래소와 비교하면 매매 금액도 소규
모이며 상장기업의 수도 줄어들고 있다.

제4부 캔들차트의 복합선 이렇게 읽는다

109

5. 상승 십자선

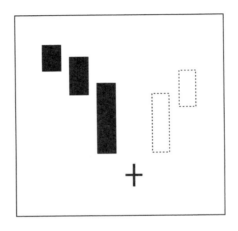

◎ 캔들의 특징

한동안 이어지던 하락장에 장대음봉이 나타나고 다음 주에는 갭을 형성하면서 '갭 다운 십자선'이 형성된 것을 의미한다.

◎ 매수자의 행동과 심리상태

하락 시세가 이어져 투자자의 불안이 높아지는 도중, 뜻밖의 악재가 나타나 일제히 매도 주문이 쏟아지면서 장대음봉이 형성되었다. 그리고 다음 주도 시초가부터 시장가 매도가 쇄도해 갭 다운 현상이 발생했다.

◎ 상황 분석과 시세 암시

하락 시세가 길게 이어졌기 때문에 투자자의 매수 잔고(롱 포지션)는 점차 해소되었다. 그리고 예상하지 못한 악재는 투자자의 투매를 더욱 가속화시켰다. 장대음봉이 형성된 주는 종가 시점에서 상당량의 매도 주문이 소화되지 못한 채 남아버린 상태라고 생각할 수 있다. 그 매도 주문은 다음 주까지 이어지고 가격 수준이 크게 아래쪽으로 수정되면서 간신히 거래가 성립되었기 때문에 갭이 만들어진 것이다.

그러나 십자선(시가와 종가가 같다는 뜻) 모양으로 남은 것은 시세의 바닥을 나타내기도 한다. 여기에서부터 잠재적인 반발력(신규 매수하는 투자자)의 존재와 가격 수준에 따라서는 시장의 수급이 균형을 이루게 되었다고도 예상해볼 수 있다.

아래쪽에 갭이 만들어진 시점에서 매수 가격이 높은 투자자의 매수 잔고는 거의 소멸되었다고 판단된다. 재료에 따라 시세는 상승으로 돌아서기 쉬운 환경이 되었다고 말할 수 있다. 십자선의 다음 주가 양봉이 된다면 바닥을 친 것이라고 볼 수 있다.

◎ **실제 사례**

　다음 차트는 아사히글라스(旭硝子)의 주봉이다. 2001년 5월에 천장을 형성한 뒤 시세가 급격하게 하락했다. 8월 중순부터 장대 음봉이 연속으로 발생하더니 9월 셋째 주에는 갭을 형성한 다음 아래쪽에 커다란 갭을 형성하면서 십자선이 나타나 '상승 십자선'이 만들어졌다. 그다음 주에 '망치형 양봉'을 만들면서(70쪽 참조) 바닥을 쳤다는 것이 확인되었고 그 후 시세는 완만하게 상승 과정을 밟았다.

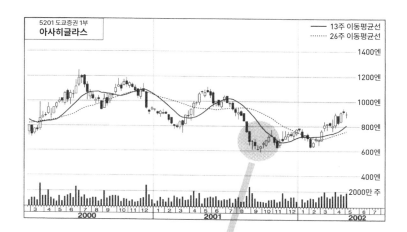

상승 십자선

"남들보다 한발 앞서 매수에 나설 수 있는 기회라고 보면 된다."

6. 샛별을 잉태한 장대음봉

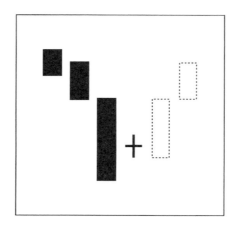

◎ 캔들의 특징

한동안 이어지는 하락 시세 도중, 장대음봉이 나타나 십자선을 중앙 부근에서 품고 있는 것(잉태)⁺을 의미한다.

◎ 매수자의 행동과 심리상태

하락 시세가 이어지는 도중, 투자자의 불안은 계속 커지고 악재까지 나타나면 결국 투매를 하게 되어 장대음봉이 형성된다. 그런

✦ **잉태** 전주(전일, 전월)의 몸통에 다음 주(다음 날, 다음 달)의 몸통이 완전히 가두어진 모양을 가리킨다. 잉태형(Harami)에 대비되는 표현은 포용형(Engulfing)이다.

데 그다음 주에 지난주의 종가보다 꽤 높은 위치에서 거래가 이루어졌기 때문에 하락에 대한 불안은 어느 정도 완화되었다. 그렇다고 해서 이를 상승세의 시작으로 보는 투자자들은 많지 않아 매우 혼란스러운 상태다.

◎ **상황 분석과 시세 암시**

장기간에 걸친 시세 하락과 함께 투자자의 매수 잔고(롱 포지션)는 조금씩 해소되었다. 그리고 시세 하락의 주범인 악재는 투자자의 투매를 가속화시켜 장대음봉이 형성되었다. 이 캔들 모양에서 주목해야 할 점은 십자선이 장대음봉의 몸통 중앙 부근에 나타났다는 점이다. 지난주에는 상당히 낮은 가격에 장을 마감했지만 주말에 악재가 공식적으로 부정되는 등의 이유로 십자선이 나타난 주는 종가를 웃도는 위치에서 시초가가 형성되었다고 해석할 수 있다.

시장에는 신규 매수 주문이 들어오기 시작하는 한편, 매수 잔고를 줄이기 위한 매도 주문도 들어온다. 다만 현 단계에서 적극적으로 추격매수✦를 하는 투자자는 많지 않다는 점 등 때문에 혼란스러

✦ **추격매수** 주가가 상승할 때 더 상승할 것으로 보고 주가를 쫓아가면서 매수하는 것을 의미한다.

운 장세가 만들어져 최종적으로 종가는 시가와 같은 가격이 되었다. 이런 가격 변동을 통해 시장이 수급의 균형을 잡아가고 있다고 볼 수 있다. 이후에는 상황을 지켜봐야 하는데 이 경우, 다음 주에 양봉이 세워지면 바닥을 친 것이라고 볼 수 있다.

◎ **실제 사례**

다음 차트는 교쿠요(極洋)의 주봉이다. 1999년 11월 셋째 주에 아래 꼬리가 긴 장대음봉이 나타나 그다음에 십자선을 잉태, '샛별을 잉태한 장대음봉'이 형성되었다. 시세는 급상승한 후, 박스권을 형성했다.

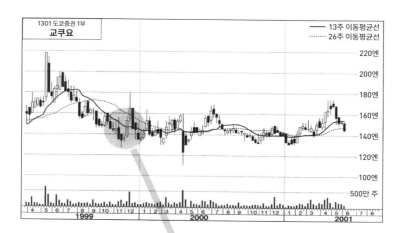

1301 도쿄증권 1부
교쿠요

—— 13주 이동평균선
······ 26주 이동평균선

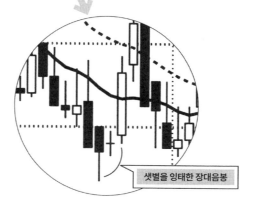

샛별을 잉태한 장대음봉

"매수에 나설 기회라고 보면 된다."

7. 걷어 올리기

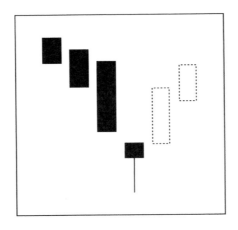

◎ 캔들의 특징

한동안 하락 시세가 이어지다 장대음봉이 나타난 뒤 갭 다운 망치형 음봉(또는 우산형 음봉, 71쪽 참조)이 형성된 것을 의미한다.

◎ 매수자의 행동과 심리상태

투자자는 추가 하락에 대한 우려 때문에 보유 주식을 처분하려할 것이다. 결국 매도 주문이 쇄도한다. 장대음봉이 형성된 다음 주에도 매도 물량이 계속 투입되지만 저가권에서 어느 정도 회복을한 상태로 장이 끝났다. 그러나 이 단계에서는 하락에 대한 투자자의 불안이 사라지지 않는다.

◎ 상황 분석과 시세 암시

장대음봉이 형성된 주는 종반에 상당량의 매도 주문이 소화되지 못한 채 남아 있었다. 따라서 다음 주는 시가에서 시장가 주문이 쇄도하게 되면서 갭 다운이 발생했다.

한편, 여기에서 주목해야 할 점은 망치형 음봉(또는 우산형 음봉)의 아래 꼬리다. 이 주는 장이 열린 직후부터 대규모로 매도 주문이 밀려들었기 때문에 비교적 이른 단계에서 저가를 시현✦한 것으로 생각할 수 있다. 그러나 그 후 매매가 교착 상태에 빠지고 시간이 경과함에 따라 매도 압력이 줄어드는 한편 점차 신규 매수 등에 의한 매수 압력이 강해지면서 종반으로 갈수록 가격이 상승하는 모습을 보였다. 한편 저가에서의 회복이 크면 클수록(아래 꼬리의 길이) 시세의 잠재적인 반발력은 강해지고 있다.

◎ 실제 사례

다음 차트는 에스펙(ESPEC)의 주봉이다. 고가를 형성하다가 하락하던 도중, 2000년 4월 셋째 주에 망치형 음봉이 출현, '걷어 올리기'가 형성되어 바닥을 찍으면서 대폭 상승하는 시세를 형성했다.

✦ **시현** 示現. 원래는 종교 용어로 부처님이 모습을 바꾸어 현세에 나타나는 것을 가리키지만 증권용어로는 특정 가격을 강조할 때 사용된다.

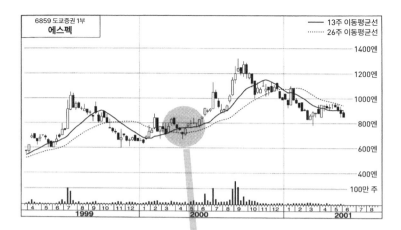

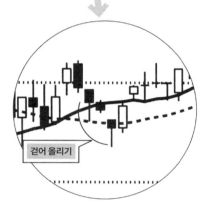

걷어 올리기

"한 걸음 앞서 매수에 나설 수 있는 기회라고 보면 된다."

8. 세력선(勢力線)

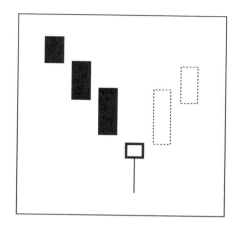

◎ 캔들의 특징

하락 시세가 한동안 이어지는 도중 아래쪽으로 갭을 만들며 망치형 양봉(또는 우산형 양봉)이 나타난 것을 의미한다.

◎ 매수자의 행동과 심리상태

투자자는 크게 실망한 상태로 보유 주식을 줄이고 있다. 공황에 가까운 매도가 일시적으로 시세를 크게 내리누르지만 양봉으로 장을 마감할 수 있었다. 투자자의 하락에 대한 불안함이 완전히 해소되었다고 말하기는 어렵지만 어느 정도 안도하기 시작한 시기다.

◎ 상황 분석과 시세 암시

주말에 악재가 나돌았기 때문에 망치형 양봉이 나타난 주에는 장이 열리자마자 대규모 매도 주문이 밀려들면서 일시적으로 대폭 하락을 보였다.

하락 시세가 장기간 이어진 상황에서 시장의 매수 잔고(롱 포지션)는 이미 많이 줄어들었고 갭 하락 이후에 아래 꼬리가 형성되는 과정에서 구매 가격이 높은 매수 잔고는 거의 해소되었다.

그 후, 주 후반부에서 시세는 급반전을 보이는데 그 배경에는 지난 주말에 나온 악재가 공식적으로 부정되었거나 악재가 모두 소멸되면서 내림세가 멈추어 신규 매수 주문이 들어오기 쉬운 환경이 갖추어졌기 때문이다. 저가에서의 상승이 크면 클수록(아래 꼬리가 길수록) 시세에 잠재적인 반발력이 높아지고 있다는 증거다.

◎ 실제 사례

다음 차트는 이치코공업(市光工業)의 주봉이다. 하락 추세가 이어지는 도중, 2000년 2월 넷째 주에 아래쪽으로 큰 갭을 보이며 망치형 양봉이 출현, '세력선'이 되었다. 다음 주의 팽이형 음봉을 거쳐 3월 둘째 주에는 장대양봉을 세우면서 시세는 바닥권을 벗어났다.

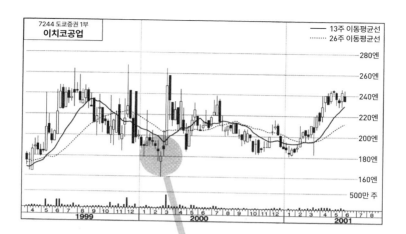

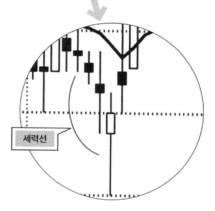

세력선

"한발 앞서 매수할 수 있는 기회라고 보면 된다. "

9. 음봉을 잉태한 장대음봉

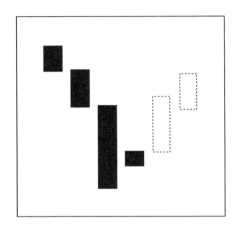

◎ 캔들의 특징

시세 저가권에서 장대음봉이 발생한 다음 주에 작은 음봉이 나타나 이전의 장대음봉에 완전히 잉태(지난 몸통에 다음 주의 몸통이 완전히 갇힌 모양)된 것이다.

◎ 매수자의 행동과 심리상태

장대음봉은 약세장에서 볼 수 있는 전형적인 캔들이며 음봉 역시 앞으로 저가가 형성될 것을 시사한다. 음봉이 연속해 있기 때문에 투자자들이 대거 빠져나가 시장에서는 지배적으로 약세를 전망한다. 따라서 투자자는 냉정함을 잃고 매수 잔고를 줄이는 데에 전력을 기울이는 상태다.

◎ 상황 분석과 시세 암시

장대음봉, 음봉은 둘 다 시세의 약세, 저가 등을 암시하는데 그것들이 연속으로 발생하면 상승효과도 있어서 새로운 매수 주문이 들어오기는 어렵다는 견해는 충분히 이해할 수 있다. 하지만 이 캔들 형태에서 주목해야 하는 점은 저가권에서 나타났다는 점과 음봉이기는 하지만 작은 음봉이 발생한 주의 종가가 전주의 종가보다 높은 수준에 있다는 것이다.

즉, 시세는 이미 크게 하락했기 때문에 투자자의 매수 잔고(롱 포지션)는 감소했고 장대음봉이 형성되는 국면에서 한 단계 더 해소되었다고 추측할 수 있다. 또, 작은 음봉이 발생한 주는 전 주의 종가 위에서 시초가가 형성되어 시세에 잠재적인 반발력이 되돌아왔다는 사실을 의미한다. 그러나 시장에서는 여전히 약세로 보는 견해가 대세를 이루고 있기 때문에 투자자의 매도 주문이 들어오면서 시세는 약간 눌림✦ 현상을 보이며 조정을 받았다. 단, 종가는 지난주의 종가보다 높아서 이것을 보더라도 매도 압력이 크게 감소했다는 사실을 읽을 수 있다. 투자자의 투매 현상은 한 차례 막을

✦ **눌림** 일시적으로 상승하던 기세가 꺾이면서 가격이 소폭으로 하락하는 현상을 뜻한다.

내렸고 시세는 반발로 돌아서기 쉬운 환경이 갖추어졌다고 판단할 수 있다.

◎ **실제 사례**

다음 차트는 도요타자동직기(豊田織)의 주봉이다. 1999년 8월 셋째 주의 장대음봉이 다음 주의 음봉의 몸통 대부분을 품으면서 저가권에서의 '음봉을 잉태한 장대음봉'이 나타나 시세는 상승으로 전환되었다. 그 후, 2000년 8월까지 상승 추세가 이어졌다.

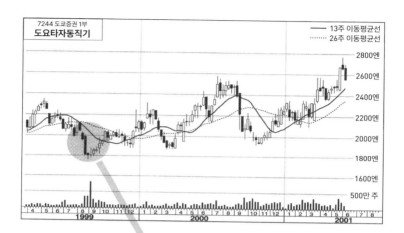

음봉을 잉태한 장대음봉

"저가권에서 나타났을 때에는
매수로 나설 기회라고 보면 된다."

제4부 캔들차트의 복합선 이렇게 읽는다

127

10. 갭 하락 혼전 후 장대음봉

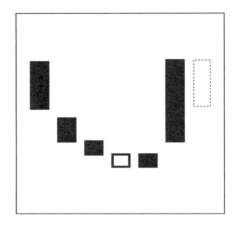

◎ 캔들의 특징

시세가 하락하는 도중에 아래쪽에 갭이 발생하면서 잠시 약보
합세를 보인 뒤에 갑자기 갭 상승하면서 시가가 형성되고 장대음
봉이 만들어지는 일련의 과정을 의미한다.

◎ 매수자의 행동과 심리상태

하락 시세가 이어지는 도중에 아래쪽에 만들어진 갭은 투자자
에게 공포감을 준다. 투자자는 어쩔 수 없이 보유 주식을 매도하게
되고 곧 시세는 하락세를 보인다. 몇 주 후, 갑자기 저가권에서 크
게 갭 상승을 보이면서 시가가 형성되었지만 기대와 달리 장대음

봉이 되어버려 투자자는 다시 한 번 실망하게 된다.

◎ 상황 분석과 시세 암시

아래쪽으로 갭 다운이 발생한 뒤에 시장에는 보유 주식을 처분하기 위한 매도가 지금까지보다 더 강하게 들어온다. 동시에 하락 시세가 장기간에 걸쳐 진행되었다. 시세의 수준 자체에는 적정 가격*이라는 느낌도 들어 신규 매수 주문도 적잖이 들어온다는 점에서 몇 주간은 약세권의 보합세를 보이는 상황이 이어진다.

그러다가 갑자기 저가권을 크게 벗어난 갭 상승을 보이면서 시가가 형성되는 사태가 발생하지만 이것은 소문, 정보 등을 포함해 투자자들이 호감을 가질 수 있는 예상하지 못한 호재가 나왔기 때문이라고 판단해볼 수 있다.

하지만 이 재료는 후에 공식적으로 부정되었기 때문에 신규 매수를 한 투자자나 장기 보유하고 있던 주식을 매도할 수 있는 좋은 기회라고 본 투자자 등이 일제히 매도 주문을 넣어 시장의 수급이 단숨에 공급 초과 상태에 이르면서 장대음봉이 만들어진 것이라고 보아야 한다.

이 장대음봉이 형성되는 과정에서 매수 가격이 나쁜 매수 잔고

✦ **적정 가격** 투자자들이 매매하기 좋다고 판단한 가격을 의미한다.

는 거의 소멸되었다고 추측할 수 있으며 이를 계기로 시세가 반등할 수 있는 여지가 조성되었다. 기술적으로는 장대음봉이 형성된 다음 주의 시가가 장대음봉을 형성한 주의 종가를 웃도는 것을 확인한 뒤에 매수에 들어가는 것이 바람직하다. 만약 종가를 밑도는 경우에는 상황을 지켜본다.

◎ **실제 사례**

다음 차트는 도에이(東映)의 주봉이다. 시세가 하락하는 도중, 2000년 4월 셋째 주에 아래쪽으로 장대음봉이 나타나고 한 달 정도 불안정한 시세를 보인 후, 5월 넷째 주에 다시 장대음봉이 나타났다.

두 번째 장대음봉은 약간 낮은 위치에서 나타났지만 '5회차에 나타난 장대음봉'이 형성되었다. 시세는 바닥을 친 후 작은 반발✦을 보이고 있다.

✦ **작은 반발** 그때까지의 하락 기조가 상승으로 전환되는 것이 반발이고 그 상승이 소폭으로 끝난 경우를 '작은 반발'이라고 한다.

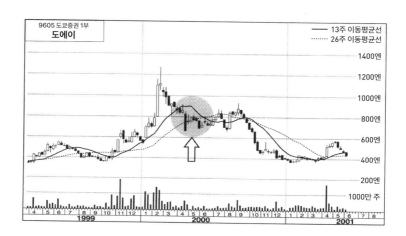

"신규 매수를 할 기회라고 보면 된다. "

제4부 캔들차트의 복합선 이렇게 읽는다

131

11. 저가권의 망루

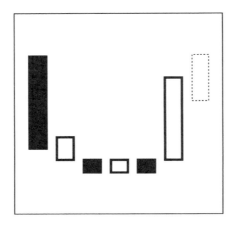

◎ 캔들의 특징

시세가 하락하는 도중에 장대음봉이 나타나 한동안 혼조세를 보인 후 갑자기 장대양봉이 세워진 모양을 의미한다.

◎ 매수자의 행동과 심리상태

투자자의 대량 매도가 장대음봉을 만들었다. 그 후에는 보유 주식 매도와 신규 매수가 뒤섞이면서 교착 상태를 보이며 혼란스러운 시세가 이어졌다. 그러던 중 갑자기 나타난 장대양봉에 투자자는 상승에 대한 자신감을 가지고 매수 주문을 넣기 시작한 모습이다.

◎ 상황 분석과 시세 암시

시장에 존재하는 매수 가격이 나쁜 매수 잔고(롱 포지션)는 장대음봉 형성과 그 후에 이어지는 어지러운 상황 속에서 거의 해소되었다. 하락 시세가 길게 이어졌기 때문에 주가는 그 본질적 가치(펀더멘털)에서 대폭 낮아졌다.

호재에 반응하기 쉬운 시세 환경이 정돈된 상태인데 여기에서 만약 실적 결과나 장래 전망 등이 시장의 예상을 크게 웃돌면 투자자는 순수하게 반응해 신규 매수 주문이 쇄도하는데 그 결과 장대양봉이 세워진다. 이런 경우, 매수 주문이 모이기 쉽고, 시세 역시 바닥을 찍고 지속적인 상승을 기대할 수 있다.

◎ 실제 사례

다음 차트는 알프스전기(アルプス)의 주봉이다. 2000년 2월 셋째 주에 장대음봉이 들어선 이후 몇 주간 저가권에서 혼조세가 이어지다가 3월 넷째 주에는 장대양봉이 세워졌다. 이렇게 '저가권의 망루'가 형성되었고 시세는 바닥을 치게 되었다.

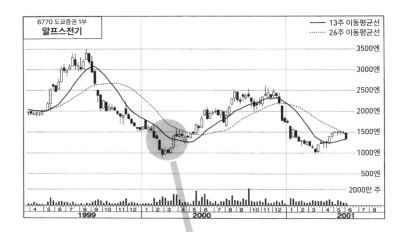

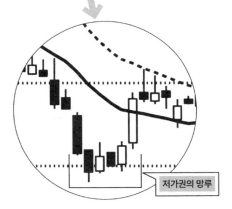

저가권의 망루

"신규 매수에 나설 기회라고 보면 된다."

12. 저가권 혼조세 후 갭 상승 음봉

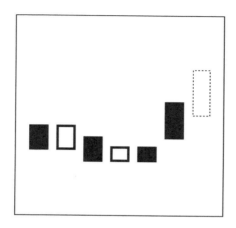

◎ 캔들의 특징

저가권에서 한동안 혼조세가 이어진 후, 위쪽으로 작은 갭을 만들면서 음봉이 형성된 모양이다.

◎ 매수자의 행동과 심리상태

저가권이면서 시세가 강력한 상승세를 보이지 않자 투자자들 사이에서는 점차 포기하는 분위기가 나타나기 시작한다. 그럴 때, 갑자기 갭 상승을 보이면서 시가가 형성되어 시세가 더 낮아질 것이라는 불안은 어느 정도 불식되지만, 투자자들 사이에서 지속적인 상승에 대한 기대감은 여전히 회의적이다. 따라서 고가권에서는 꾸준히 매도 주문이 이어진다.

◎ 상황 분석과 시세 암시

투자자 입장에서 가장 바람직한 것은 당연히 상승 시세다. 다음으로 바람직한 것은 방향(트렌드)이 분명한 시세다. 설사 하락 시세였다고 해도 방향이 명확하다면 비교적 대처하기 쉽기 때문이다. 아무리 보아도 시세에 반전 가능성이 없는 경우, 보유 주식을 매도하는 수밖에 없다.✦

저가권이기는 하지만 소폭의 혼조세가 이어지는 시세는 가장 성가신 형태 중의 하나다. 전부터 잔고를 보유하고 있는 투자자도, 신규 매입을 하는 투자자도 저가권이기 때문에 보유하고 있는 주식을 매도하기가 애매해서 일단 상황을 지켜보는 방향으로 흐르기 쉽다. 즉, 시장에는 여전히 상당량의 매수 잔고가 존재한다고 생각할 수 있다.

그럴 때, 저가권을 벗어나 갭 상승을 보이면서 시가가 형성되면 매수를 늘리기보다는 오히려 매수 잔고를 해소하려 하는 투자자 쪽이 많아지고 그 때문에 그 주는 음봉으로 마감하게 될 수도 있다.

✦ **반전 가능성이 없는 경우** 하락이 더욱 분명하다면 공매 등을 해 숏 포지션을 만드는 방법도 생각할 수 있다.

소폭의 상승을 기대할 수는 있지만 일반적으로 강력한 상승 시세로 이어지기는 어렵다.

◎ **실제 사례**

다음 차트는 오카모토(オカモト)의 주봉이다. 1999년 12월 셋째 주에 장대음봉이 만들어지고 2주 연속으로 저가권에서 혼조세를 보인 후, 2000년 1월 첫째 주에 갭 상승 음봉이 나타났다. 이렇게 '저가권 혼조세 후 갭 상승 음봉'이 형성되면서 시세 하락은 '멈춤'✦ 상태가 되었다. 그 후, 일시적으로 상승세를 보이지만 누름세가 강해서 다시 하락으로 전환, 혼조세를 보이는 시세로 이어졌다.

✦ **멈춤** 시세의 움직임이 일시적으로 멈추는 상황을 의미한다. 상승 시세가 멈추면 '상승 멈춤', 하락 시세가 멈추면 '하락 멈춤'처럼 사용된다.

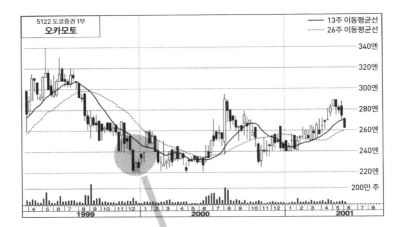

5122 도쿄증권 1부
오카모토

— 13주 이동평균선
...... 26주 이동평균선

340엔
320엔
300엔
280엔
260엔
240엔
220엔
200만 주

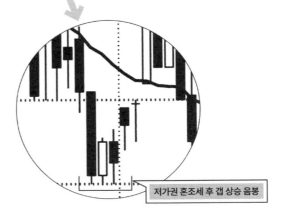

저가권 혼조세 후 갭 상승 음봉

"상황을 지켜보며 조금씩 매수해볼 수 있는 기회지만
하락 시세가 마음에 걸리는 경우,
일단 보유하고 있는 주식을 매도하는 선택이 무난하다."

138   캔들차트 사용설명서

13. 약보합 후 갭 상승 양봉

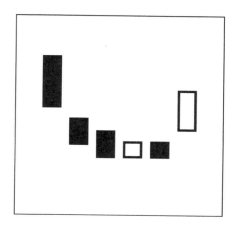

◎ 캔들의 특징

시세가 하락하는 도중에 아래쪽에 갭이 형성되면서 한동안 약
보합세가 이어진 후, 위쪽에 갭이 만들어지면서 양봉이 세워지는
일련의 과정을 의미한다.

◎ 매수자의 행동과 심리상태

하락 시세가 이어지는 도중에 아래쪽으로 갭이 발생하면 투자
자들은 다들 초조해한다. 이때 어쩔 수 없이 보유하고 있는 주식을
매도, 시세는 하락세를 보였다. 몇 주 후, 갑자기 저가권에서 위쪽
으로 갭이 형성되면서 그대로 양봉으로 마감을 하는 모습을 보고

투자자는 안도하는 동시에 상승세를 기대하며 신규 매수에 들어간다.

◎ **상황 분석과 시세 암시**

아래쪽에 갭(갭 다운)이 발생하면 투자자는 하락에 대한 불안함 때문에 지금까지 보유해온 보유 주식을 처분하게 된다. 한편, 하락 시세가 장기간에 걸쳐 이어졌기 때문에 상승에 대한 기대감도 작용해 신규 매수 주문이 들어오기 시작하면서 한동안 혼조세가 이어진다.

그 후, 시세는 갑자기 저가권을 벗어나 갭 상승을 보이는데 이것은 투자자에게 호감을 줄 수 있는 예상하지 못한 호재가 나왔기 때문이라고 추측할 수 있다.

매수 가격이 나쁜 매수 잔고는 이미 대부분 해소되었다고 볼 수 있는데 그 매도 주문은 혼조세가 이어지는 동안 신규 매수에 나선 투자자가 흡수했다고 판단할 수 있다. 따라서 시장에 존재하는 매수 잔고의 절대적 규모에는 그다지 변화는 없다. 갭 상승 양봉을 형성한 재료의 효과가 옅어지면 시세가 상승 기세를 잃어버리는 경우도 있다. 이 정도의 캔들 모양으로는 상승할 수 있는 힘을 기대하기 어렵다는 점에 주의해야 한다.

◎ 실제 사례

다음 차트는 히타치제작소(日立)의 주봉이다. 하락 시세 도중, 2000년 3월 셋째 주에 갭 하락 망치형 음봉이 출현해 한동안 저가권에서 혼조세를 보이다가 5월 첫째 주에 갭 상승 양봉이 형성되면서 '약보합 후 갭 상승 양봉'이 만들어져 시세는 작은 상승세를 보였다.

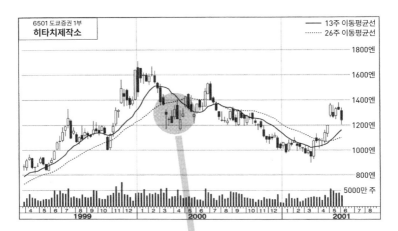

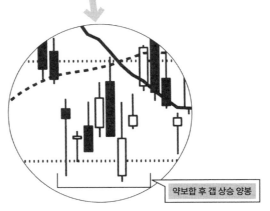

약보합 후 갭 상승 양봉

"매수를 타진해볼 수 있는 기회지만
일단 지켜보는 쪽이 무난하다."

14. 연속 하락 후 십자선에 이은 장대양봉

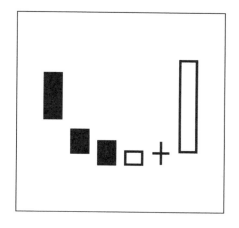

◎ 캔들의 특징

시세가 하락하는 도중에 아래쪽에 갭이 발생하고 한동안 혼조세를 보인 후, 갭 다운을 보인 다음 주부터 4주째 되는 주에 십자선⁺이 발생하고 그다음 주에 장대양봉이 형성되는 일련의 과정을 의미한다.

- -

✦ **십자선** 실제 시장에서는 갭 다운을 보인 주부터 4주째에 십자선이 형성되는 경우는 매우 드물기 때문에 몸통이 작은 망치형 캔들도 십자선의 출현으로 본다.

◎ 매수자의 행동과 심리상태

투자자는 실망한 채로 시세의 향방을 지켜보는 시기다. 혼조세를 보이던 시세가 십자선을 만들었을 때 지원할 수 있는 재료가 나타나면서 급반등하고 매수 주문이 쇄도하며 장대양봉을 세우자 투자자는 다시 자신감을 되찾고 상승에 대한 기대감을 가지게 된다.

◎ 상황 분석과 시세 암시

아래쪽의 갭(갭 다운)은 투자자에게 한층 더 실망과 하락에 대한 불안함을 심어주기 때문에 보유 주식을 매도하기 위한 주문이 증가한다. 한편, 이를 적정 가격으로 보고 신규 투자를 시작하는 투자자도 나타나기 시작하면서 한동안 혼조세가 이어진다.

그리고 갭 다운이 발생한 주 이후부터 4주째에 나타난 십자선은 다음과 같이 해석할 수 있다. 갭 다운이 발생한 직후에는 투자자들이 처분하는 매도 주문과 신규 매수 주문이 뒤섞여 거의 비슷한 수준으로 매매가 이루어진다. 그러나 시세의 방향성을 결정지을 수 있는 재료가 없기 때문에 4주째 정도가 되면 매수 잔고를 줄이기 위한 매도 주문은 한 차례 순환되었고 이때를 적정 가격이라고 보는 새로운 매수 주문도 줄어든다.

즉, 십자선의 출현은 그 가격 근방에서 시장의 수급 균형이 대략적으로 맞추어졌다는 것을 의미하고 투자자들이 새로운 재료의 출현을 기다리는 등 점차 상황을 지켜보는 쪽으로 움직이게 되었다는 사실을 알려주는 지표다.

한편, 그런 상황에서 등장한 지원 재료는 투자자의 기대를 훨씬 웃도는 것이어서 투자자들의 신규 매수 주문이 쇄도하며 장대양봉이 형성되었고 시세는 그 후에도 강한 상승을 보여준다.

◎ 실제 사례

다음 차트는 파르코(パルコ)의 주봉이다. 2000년 2월 마지막 주부터 3월 마지막 주에 걸쳐 '연속 하락 후 십자선에 이은 장대양봉'이 완성되어 약 8개월에 걸친 하락 시세는 바닥을 치고 올라왔다.

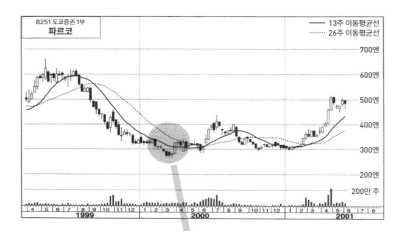

8251 도쿄증권 1부
파르코

— 13주 이동평균선
······ 26주 이동평균선

700엔
600엔
500엔
400엔
300엔
200엔
200만 주

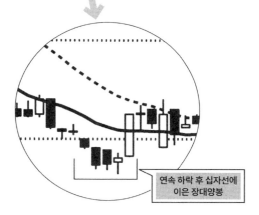

연속 하락 후 십자선에
이은 장대양봉

"새롭게 매수에 나설 수 있는 기회다.
또, 보유 주식을 매도한 투자자는
되사기를 검토할 수 있는 국면이라고 보면 된다. "

15. 역습선(逆襲線)

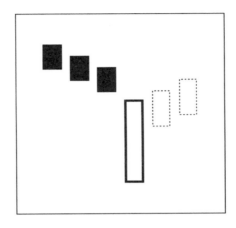

◎ 캔들의 특징

시세가 하락하는 도중에 갭 다운이 발생하면서 장대양봉이 나
타난 모양이다.

◎ 매수자의 행동과 심리상태

가뜩이나 실망 가득한 하락세에서 갑자기 주식(기업)의 근간을
흔들 만큼 심한 악재가 등장하면서 투자자들은 불안함에 일제히
보유 주식을 매도하기 시작했다. 시세는 종반에 이르러 크게 회복
되지만 투자자는 상승에 대한 확신을 가지기 어려운 상태다.

◎ **상황 분석과 시세 암시**

이 경우의 악재는 시장 참가자들이 전혀 예상하지 못했던 헛소문 등이었을 것이라고 생각할 수 있다. 그때까지도 주가는 계속 하락해 투자자들은 그 주식의 장래성에 대해 긍정적인 견해를 가지기 어려운 상황이었다. 하지만 갭 다운을 보이면서 폭락장으로 매매가 시작될 정도의 부정적인 요인도 찾기 어려웠을 것이다.

투자자는 주말에 나돈 헛소문에 깜짝 놀라 다음 주 초에 거의 공황에 가까운 매도 주문을 냈다. 이렇게 시세는 대폭으로 하락했지만 얼마 지나지 않아 헛소문을 공식적으로 부정하는 견해가 나타나 투자자들 사이에 안도감이 퍼지면서 복원을 위한 매수 주문과 신규 매수 주문이 일제히 쇄도, 장대양봉으로 연결되었다고 추측할 수 있다.

그런데 이 캔들 모양에서는 지난주의 종가와 장대양봉이 발생한 주의 종가 사이에 갭이 존재한다는 점에도 주의해야 한다. 매도했던 주식을 재매수하거나 새롭게 매수에 나선 투자자들이 존재하는 한편, 시세의 지속적인 상승에 회의적인 견해를 가지고 있는 투자자도 존재하기 때문이다.

그런 투자자들의 매도 주문이 복원을 위한 매수 주문이나 신규 매수 주문을 억눌렀기 때문에 시세는 충분히 회복될 수 없었다. 이런 회의적인 견해는 그 후에도 사라지지 않기 때문에 이런 유형의

캔들차트 사용설명서

캔들이 나타날 경우, 상승은 일반적으로 그리 크지 않게 나타나는 경우가 많다. '불길을 받쳐주는 재료가 부족하다'는 이미지를 주는 종목이 시장의 신뢰와 기대감을 회복하려면 그에 상응하는 시간이 필요하다.

◎ **실제 사례**

다음 차트는 이케가미통신기(池上通)의 주봉이다. 고가에서 하락하는 도중, 2000년 4월 셋째 주에 '역습선'이 발생해 시세는 소폭 회복✦했다. 그러나 지속적으로 상승할 여력은 없어 결국 점차 하락하게 된다.

✦ **소폭 회복** 하락 추세가 반발로 전환되어 소폭이지만 상승하는 형태를 의미한다.

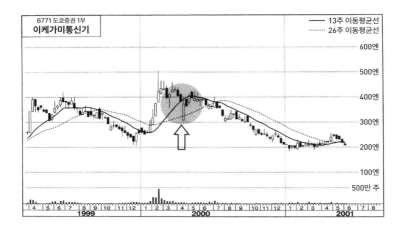

“매수 타진을 할 때 그 후의 오름세가 무겁게 느껴진다면
일단 이익을 확보하고 지켜보는 쪽이 무난하다.”

150
캔들차트 사용설명서

16. 음봉을 품은 장대양봉

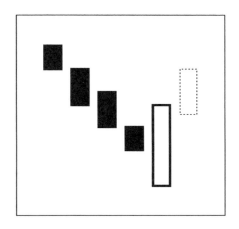

◎ 캔들의 특징

시세가 하락하는 도중에 작은 음봉이 형성되고 그다음 주에 장대양봉이 발생해 장대양봉이 작은 음봉을 품은 것을 의미한다.

◎ 매수자의 행동과 심리상태

하락 시세가 이어지는 도중, 실망한 투자자들은 보유 주식을 줄였는데 갑작스레 등장한 장대양봉은 투자자에게 안도감을 안겨줌과 동시에 시세 상승에 대한 기대감도 높여준다.

◎ **상황 분석과 시세 암시**

비교적 자연스러운 상승 국면이다. 주가가 하락함에 따라 투자자의 실망과 하락에 대한 불안함은 증폭되고 매도 주문도 증가하기 때문에 특별한 재료가 없는 상황에서 시세는 계속 낮아졌다. 이런 상황에서 갑자기 호재가 발표되거나 그때까지 시장을 지배하고 있던 악재가 공식적으로 부정되는 등의 사건이 생기면 급반등을 보이면서 장대양봉이 세워진 것이다.

특히 이런 캔들 모양이 저가권에서 나타난 경우에는 높은 가격에 매수를 했던 투자자의 매수 잔고는 거의 해소되었다고 생각할 수 있으며 장대양봉에 호감을 느낀 신규 매수 주문이 점차 시세를 끌어올린다.

◎ **실제 사례**

다음 차트는 다카시마야(高島屋)의 주봉이다. 2000년 2월 넷째 주의 장대양봉이 이전 주의 작은 음봉을 완전히 품어 저가권에서의 '음봉을 품은 장대양봉'을 만들었다. 이를 계기로 시세는 바닥을 치고 올라오며 큰 상승을 보였다.

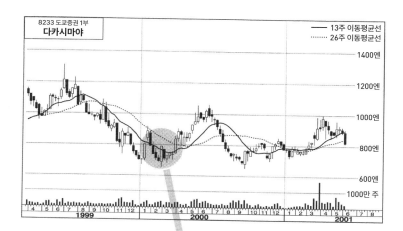

8233 도쿄증권 1부
다카시마야

―― 13주 이동평균선
‥‥‥ 26주 이동평균선

1400엔
1200엔
1000엔
800엔
600엔
1000만 주

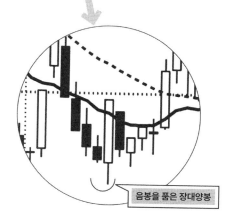

음봉을 품은 장대양봉

"저가권에 있다면 매수에 나설 기회다."

17. 밀어내기 양봉

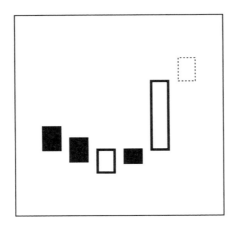

◎ **캔들의 특징**

하락 시세 도중, 또는 저가권에서 갑자기 '장대양봉'이 발생한 모양이다.

◎ **매수자의 행동과 심리상태**

하락 시세, 또는 저가권에서 혼조세가 이어졌기 때문에 투자자 사이에는 초조함이 감돌고 보유 주식을 매도한다. 한편 신규 매수 주문은 그다지 들어오지 않아 시세는 계속 하락하는 상황에서 갑자기 장대양봉이 출현하게 되어 투자자는 상승에 대한 강한 기대감을 보이게 된다.

◎ 상황 분석과 시세 암시

장기간 저가권에서 혼조세를 보이던 시세가 갑자기 오름세를 보여주는 전형적인 모습이다. '장대양봉'이 나타나기까지 저가권에서 맴돌던 기간이 길면 길수록 시장의 보유 주식의 잔고는 감소한다. 단서[✦]가 없다는 것도 이유가 되겠지만 일반적으로는 투자 매력이 부족한 종목으로서 한동안 무시당하고, 방치되어 있던 종목이다.

하지만 재미있게도 시세는 이런 종목이 작은 재료를 계기로 큰 관심을 끄는 경우가 있다. 투자자에게 크지는 않지만 시세를 지원하는 재료로서는 충분히 가치가 있는 것이라는 인정을 받으면 즉시 주목을 모은다. 이런 경우, 시세의 상승과 함께 매수 주문도 증가하기 때문에 대폭 상승을 기대할 수 있다.

◎ 실제 사례

다음 차트는 아라비아석유(アラ石)의 주봉이다. 2000년 3월 이후 8개월 동안이나 시세다운 시세는 없었지만 11월 첫째 주에 '하락 시세에 갑자기 나타난 장대양봉'이 형성된 뒤 시세가 급등하는 상황을 연출했다.

✦ **단서** 투자자를 매매에 참가하게 만드는 동기가 되는 계기를 의미한다.

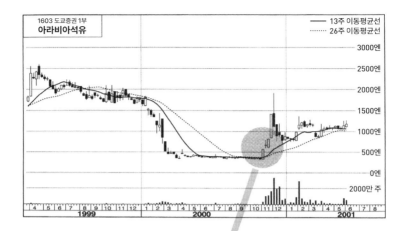

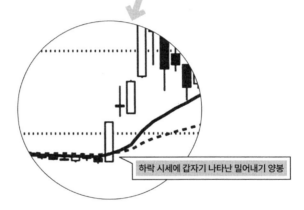

하락 시세에 갑자기 나타난 밀어내기 양봉

"저가권에 있다면 매수에 나설 기회다."

CHAPTER 02

상승 시세 초기에
나타나는 캔들

1. 적삼병(赤三兵)

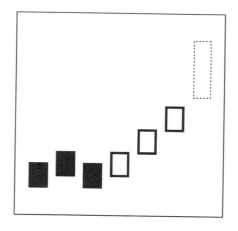

◎ 캔들의 특징

저가권에서 혼조세를 보이다가 작은 양봉 3개가 연속으로 나타
난 모양을 의미한다.

◎ 매수자의 행동과 심리상태

한동안 저가권에서 거래가 이어졌기 때문에 이 종목은 투자자
의 관심 대상이 아니었을 것이다. 그럴 때, 양봉 3개가 연속으로 나
타나는데 투자자는 이대로 상승이 이어질 것인지 판단하기 어려워
시세의 향방을 지켜보게 된다.

◎ 상황 분석과 시세 암시

결정타가 될 재료가 확실하다면 시장에 참가하기 쉽다. 하지만
시장에는 이해하기 어려운 상황도 자주 발생하기 때문에 이런 식
으로 혼조세에서 갑자기 빠져나오는 경우가 있다. 적정 가격인지
확인하기 위해 소수의 투자자들이 타진하듯 매수 주문을 넣고 있
을 가능성도 있고, 또 일부 투자자가 확실한 정보를 얻고 매수 주문
을 넣고 있을 가능성도 있다.

급등 후 가격과 기간의 조정 국면으로 주된 매집 세력이 의도한
대로의 가격 하향 흐름을 끌어가는 과정으로 사용된다. 가격이 생
명선인 20일(또는 10일) 이동평균선을 훼손하지 않으면서 거래량

이 평균보다 적어야 하고, 양봉 시 거래량이 음봉 때보다 많아야 한다는 것이 일반적인 인식이다.

다만, 대다수의 투자자는 원인을 모르는 채 이 상승이 앞으로도 지속될 것인지 확신을 가질 수 없어 매수를 주저하는 경우도 많을 것이다. 이유를 알지 못하는 투자자는 추격매수를 할 수 없어 눌림목✦을 기다리지만 시장의 매수 잔고(롱 포지션)는 매우 적기 때문에 시세는 지속적으로 상승한다. 이런 국면에서는 우선, '3주 연속으로 시세가 상승한 배경에는 무엇인가 있다'고 의심해보고 매수를 고려해보는 것이 좋다.

◎ 실제 사례

다음 차트는 시무라화공(志村化工)의 주봉이다. 장기간 저가권에서 혼조세를 보이던 시세가 2000년 1월 마지막 주부터 작은 양봉이 연속으로 세워지면서 '적삼병'이 출현한 뒤 시세는 급등했다.

✦ **눌림목** 상승 시세 도중에 일시적으로 가격이 약간 내려간 상태를 의미한다. 그러나 '눌림목을 기다리다 타이밍을 놓칠' 수도 있다.

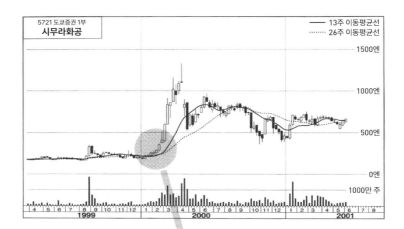

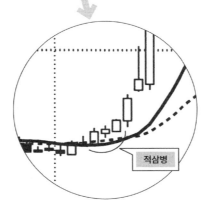

적삼병

"적삼병을 보았다면 신규 매수에 나설 기회다."

캔들차트 사용설명서

2. 하락 시세 후 5연속 양봉

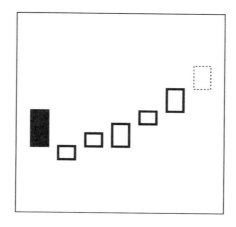

◎ 캔들의 특징

한동안 하락세가 이어지던 도중, 양봉 5개가 연속으로 세워진 모양을 의미한다.

◎ 매수자의 행동과 심리상태

장기간 저가권에서 시세가 움직였기 때문에 투자자의 주목을 받기 어려웠을 것이다. 그럴 때, 양봉 5개가 연속으로 세워지면 당연히 후각이 예민한 투자자의 눈에 띌 수밖에 없다. 그러나 다수의 투자자는 이대로 상승이 이어질 것인지 판단하기 어려워 좋은 기회를 놓치기 쉽다.

◎ 상황 분석과 시세 암시

대응 방식은 '적삼병'과 같다. 장기간에 걸친 저가권 시세에서 투자자의 매수 잔고(롱 포지션)는 거의 소멸되었다고 추측할 수 있다. 또, 시세를 지원하는 특단의 재료도 눈에 띄지 않는다는 점에서 투자자에게 주목을 받지 못했고 거래량도 적은 모양이다.

그러던 중 양봉이 연속으로 등장하자, 이제껏 주목받지 못했던 종목이 투자자의 눈에 들어오기 시작하지만, 상승 재료를 인식했을 무렵에는 이미 양봉이 처음 시작될 당시의 수준을 훨씬 웃도는 지점에 위치하게 된다.

다수의 투자자는 주가가 적정 가격이라고 여겨지는 수준까지 내려오면 매수하는 것이 어떨지 검토하지만 시세는 하락할 기미 없이 계속 상승한다. 이윽고 미디어 등에서 크게 다루기 시작하면 급상승하기도 한다. 시세가 저가권에서 벗어나는 시점을 노려 매수한다면 그 후에도 시세를 따라잡기 쉽다.

◎ 실제 사례

다음 차트는 기린비버리지(キリンビバ)의 주봉이다. 2000년 2월 넷째 주부터 양봉이 연속으로 세워지면서 '하락 시세 후 5연속 양봉'을 발생시켰다. 장기간 저가권에서 머물던 시세는 반전을 보이면서 대폭의 상승 시세로 바뀌었다.

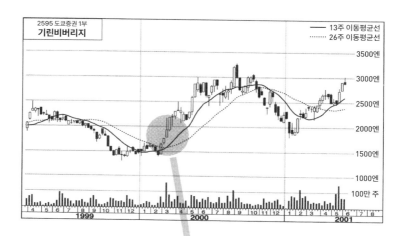

2595 도쿄증권 1부
기린비버리지

―― 13주 이동평균선
······ 26주 이동평균선

3500엔

3000엔

2500엔

2000엔

1500엔

1000엔

100만 주

4│5│6│7│8│9│10│11│12│1│2│3│4│5│6│7│8│9│10│11│12│1│2│3│4│5│6│7│8
1999 **2000** **2001**

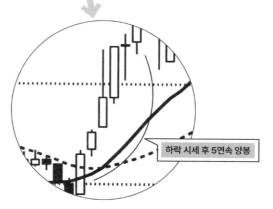

하락 시세 후 5연속 양봉

"신규 매수에 나설 기회다."

3. 누름선

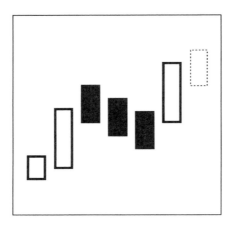

◎ 캔들의 특징

상승 시세의 초기 단계에서 갑자기 갭 상승으로 시작된 이후 음
봉으로 물러나고 이어서 두 개의 음봉이 연속선✦으로 이어진 다음
주에 종가보다 높은 위치에서 시초가가 형성되어 양봉을 이루는
일련의 과정을 의미한다.

✦ **연속선** 전주(전날, 전달)의 몸통 범위 안에서 시초가가 형성되는 모양으로 현 시세의 흐
름이 지속된다는 의미를 시사하는 캔들 형태.

◎ 매수자의 행동과 심리상태

지금까지 상승 기대 심리를 바탕으로 투자자들이 매수를 진행해왔지만 3연속 음봉이 출현하게 되면서 낭패를 보고 매도에 나선 투자자도 존재한다. 그러나 4주째에 시세가 다시 크게 상승하게 되면서 상승에 대한 기대감은 한층 더 높아진다.

◎ 상황 분석과 시세 암시

상승 과정에서 나타난 3개의 연속 음봉은 시세의 초기 단계에서 매수를 했던 일부 투자자들이 이익 실현을 위한 매도를 하게 되면서 초래된 현상이라고 해석할 수 있다.

한편, 대부분의 투자자는 상승 시세가 갓 시작된 국면에서는 지속성에 대해 회의적이며 방향(트렌드)이 분명해진 뒤에 시장에 참가하기 때문에 매수 가격은 저가에서 꽤 동떨어진다. 따라서 매수 직후에 3주 동안이나 음봉이 계속 이어지면 '상투를 잡은 것이 아닌가?' 하는 불안감이 엄습해서 당황해 매도에 나서는 경우가 있다.

하지만 절대로 초조해하면 안 된다. 상승 과정의 초기 단계에 이익을 남기기 위한 매도 등에 의해 위축된 시세는 매우 적절한 눌림목이라고 보아 일반적으로는 가까운 시일 안에 다시 상승으로 전환된 뒤 최근의 고점을 돌파한다. 그리고 첫 번째 음봉의 최고치를 넘을 수 있다면 상승을 향한 탄력이 붙는다. 기술적으로는 4주째에 지난주 음봉의 시초가를 넘는 지점이 매수에 나설 포인트가 되는 경우가 많다.

◎ **실제 사례**

다음 차트는 야후(ヤフ-)의 주봉이다. 1999년 11월 셋째 주부터 12월 둘째 주에 걸쳐 '누름선'이 출현했고 그 후에도 시세는 순조롭게 상승했다.

"신규 매수나 보유한 주식을 늘리기에 좋은 기회다."

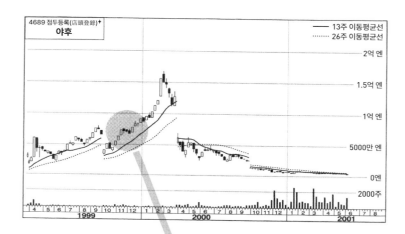

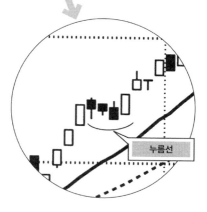

누름선

✦ **점두등록** 일본증권협회가 기업이 발행하는 유가증권의 매매 가격을 공표하거나 발행
기업에 관한 자료를 공개하는 것 등을 승인하는 것을 점두등록이라고 한다. 과거 자스닥
(JASDAQ) 시장은 장외거래시장이었기 때문에 점두등록은 자스닥 상장과 동의어였지
만 자스닥증권거래소가 창설되면서 모든 종목이 거래소 상장종목이 되었기 때문에 현
재 점두등록 종목은 존재하지 않는다.

4. 상승장의 끼움선

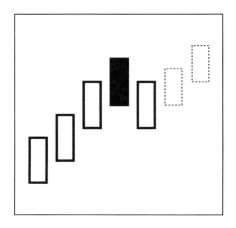

◎ 캔들의 특징

양봉이 연속되는 상승 초기 단계에서, 직전 캔들의 종가보다 높게 시작했으나, 이후 하락하면서 음봉이 만들어졌고, 그다음 캔들에서는 해당 음봉의 종가보다 낮게 시작했지만 지속 반발해 양봉을 세우면서 지난주에 형성된 음봉의 몸통 안에서 종가를 만드는 일련의 과정을 의미한다.

◎ 매수자의 행동과 심리상태

갑작스런 음봉 출현에 투자자는 당황하지만 시세가 즉시 반전되면서 곧 안도하게 된다. 상승에 대한 기대감 때문에 지속적으로 매수 주문이 들어온다.

◎ 상황 분석과 시세 암시

투자자를 불안하게 만드는 소문 등이 나돌았기 때문에 이익을 남기기 위한 매도 주문이 들어와 일시적으로 누르기⁺가 발생하면서 음봉이 형성된 것이라고 추측할 수 있다. 음봉이 형성된 다음 주의 시초가 시점에서는 여전히 시장가 매도 주문이 강했기 때문에 갭 하락 현상이 발생하지만 그 후 헛소문 등이 공식적으로 부정되면서 투자자는 다시 안도한 뒤 추가 매수에 나서거나 신규 매수 주문이 들어온다.

그 결과, 시세는 다시 올라갔다. 갓 상승하기 시작한 시장에서 투자자 대부분은 앞으로의 상승에 대해 확신을 가질 수 없기 때문에 사소한 악재에도 위축되는 경우가 있다. 그러나 위축 상황을 지난 후, 일부 투자자의 이익을 남기기 위한 매도가 발생한 후에는 시장

✦ **누르기** 상승 과정에서 커다란 매도 압력이 가해지면서 주가가 내려가는 모양을 의미한다.

의 매수 잔고(롱 포지션)는 가벼워지고 다시 상승으로 전환된다면 시세는 탄력을 받는다.

◎ **실제 사례**

다음 차트는 쇼와덴코(昭和電工)의 주봉이다. 2001년 2월 첫째 주에 장대양봉 위에서 시가가 형성되었다가 곧 장대음봉을 만들었지만 둘째 주에는 다시 장대양봉을 세워 '상승장의 끼움선'이 나타났다. 그 후, 시세는 상승 속도를 더욱 높였다.

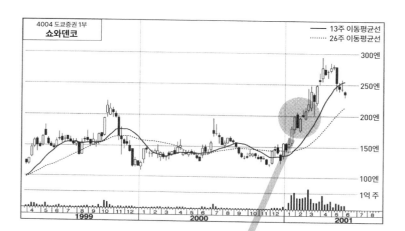

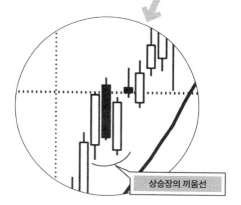

상승장의 끼움선

"신규 매수나 매수 증가에 나설 기회다.
일단 이익을 남기고 매도한 투자자는 재매수를 검토해봐도 좋다."

5. 상승삼법(上昇三法)

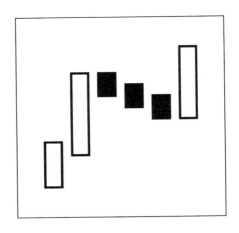

◎ 캔들의 특징

초기 상승 단계에서 장대양봉에 이어 음봉 3개가 연속으로 나타
난 다음 주, 다시 장대양봉을 세워 단번에 3개의 음봉을 뚫고 올라
가는 일련의 과정을 의미한다.✦

✦ **음봉을 뚫고 올라간다** 세 번째 음봉의 종가는 첫 장대양봉의 저가를 밑돌지 않아야 한
다(설사 밑돈다고 해도 약간 정도). 그리고 두 번째 장대양봉의 종가는 첫 음봉의 시초가
를 웃돌아야 한다는 것이 조건이다.

◎ **매수자의 행동과 심리상태**

장대양봉이 나타났음에도 이후 음봉이 연속으로 발생하면서 초조함을 감추기 어려워졌다. 따라서 일부 투자자는 이익을 남기고 매도에 들어간다. 그럴 때, 다시 장대양봉이 세워지면서 투자자는 자신감을 되찾게 되고 적극적으로 매수 주문이 들어오기 시작한다.

◎ **상황 분석과 시세 암시**

완만한 상승이 시작된 시장에 투자자가 기다리고 있던 강력한 재료가 나타나 첫 번째 장대양봉이 세워졌다. 신규 매수 주문을 내는 투자자들이 많은 한편, 미리 매수해 보유하고 있던 투자자는 시세의 수준이 대폭으로 밀려 올라가면서 재빨리 이익을 남기기 위한 매도를 실행한다. 이렇게 해서 첫 번째 음봉이 형성되지만 그 후에도 오름세는 보이지 않고 시세는 완만한 하락을 보인다.

여기에서 주목해야 할 점은 세 번째 음봉의 종가가 첫 장대양봉의 저가를 밑돌지 않는다는(설사 밑돈다고 해도 그 수준은 미약하다) 점이다. 즉, 시세를 강하게 지원하는 재료가 나온 수준(장대양봉의 저가)까지의 하락이 보이지 않는다는 것은 대부분의 투자자가 그 재료를 시세 상승의 확실한 근거로 인식하고 있다는 의미다. 설사 눌림목이 발생하더라도 강한 매수 압력이 존재한다는 사실을 보여주는 지표다.

이익을 남기기 위한 매도가 한 차례 발생한 이후, 시세는 수요 쪽으로 크게 기울고 점차 추격매수가 들어오면 다시 대폭 상승하면서 두 번째의 장대양봉이 세워진다. 그리고 첫 음봉의 시초가를 뚫고 올라갔다는 것은 고가권에서 매도 주문이 발생한다고 해도 매수 압력은 약화되지 않는다는 뜻이다.

◎ **실제 사례**

다음 차트는 츄가이제약(中外製藥)의 주봉이다. 2000년 2월 첫째 주에 장대양봉을 세운 후, 작은 음봉 3개가 연속으로 나타났지만 3월 첫째 주에 다시 장대양봉을 세우면서 '상승삼법'을 형성하면서 시세는 강하게 상승했다.

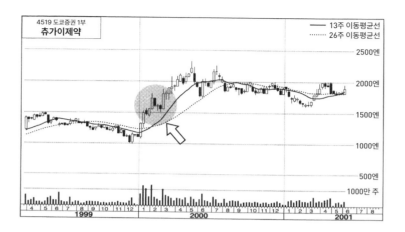

4519 도쿄증권 1부
츄가이제약

13주 이동평균선
26주 이동평균선

2500엔

2000엔

1500엔

1000엔

500엔

1000만 주

4 5 6 7 8 9 10 11 12 1 2 3 4 5 6 7 8 9 10 11 12 1 2 3 4 5 6 7 8
1999   **2000**   **2001**

"두 번째 장대양봉을 확인할 수 있다면
매수를 시작할 기회가 찾아왔다는 의미다."

제4부 캔들차트의 복합선 이렇게 읽는다

175

6. 덮개 뚫기

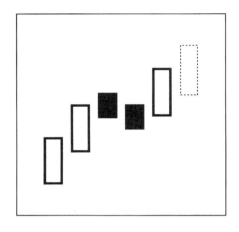

◎ 캔들의 특징

'덮개'란 비교적 긴 양봉이 발생한 다음 주, 갭 상승해 시초가가 형성되지만 중간에 하락으로 전환되어 양봉의 몸통 안에서 종가를 맞이한 음봉을 가리킨다. '덮개 뚫기'는 상승 시세 초기에 나타난 '덮개'를 양봉이 완전히 뚫고 올라가는 과정을 의미한다.

◎ 매수자의 행동과 심리상태

'덮개'가 나타난 이후, 경과 시간의 길이에 비례해 투자자의 불안이 커지지만 그 후에 고가가 경신되면서 투자자는 자신감을 되찾고 매수 주문에 들어간다.

◎ 상황 분석과 시세 암시

상승 시세 초기 단계에서 이익을 남기기 위한 매도 등이 발생하면서 시세가 일시적으로 하락으로 반전해 잠시 혼조세를 보였지만 점차 눌림목에서의 매수 압력이 승리를 거두면서 상승한 상태다. 단, '덮개'는 상승 시세가 길게 이어진 후 고가권에서 나타나면 시세 하락으로 반전될 수도 있기 때문에 나타나는 위치에 주의해야 한다.

그러나 상승이 갓 시작된 국면에서는 시장의 매수 잔고가 상대적으로 적고 눌림목에서 매수 주문을 넣는 투자자도 많아 특별한 악재가 나타나지 않는 한 커다란 하락은 발생하지 않는다. 직전 고가가 경신되며 투자자의 상승 기대감을 부추기고 그 후에도 지속적으로 매수하려 할 것이다.

◎ 실제 사례

다음 차트는 나이스(ナイス)의 주봉이다. 2000년 3월 둘째 주에 장대양봉이 발생하고 다음 주, 장대음봉이 형성되면서 '덮개'가 발생했지만 4월 첫째 주에는 '덮개 뚫기'가 나타나 시세 상승에 탄력이 붙었다.

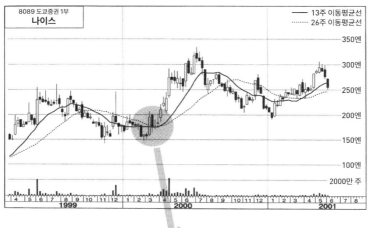

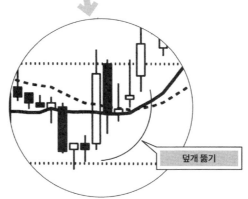

덮개 뚫기

"이미 이 종목을 보유하고 있는 투자자라면
보유량을 늘릴 수 있는 기회다."

캔들차트 사용설명서

7. 상승장 음봉 어깨띠

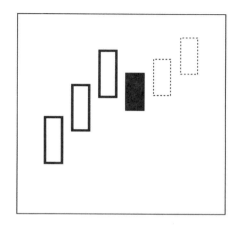

◎ 캔들의 특징

'어깨띠'[✦]란 상승장인 경우 양봉에 이어 그 몸통 안에서 시초가가 형성되었다가 음봉을 만든 모양을 의미한다. 상승장에서 연속 양봉에 '어깨띠'를 걸친 것이 '상승장에서의 음봉 어깨띠'다.

◎ 매수자의 행동과 심리상태

상승장에서 음봉 '어깨띠'가 걸쳐지는 것은 일부 투자자들이 이

✦ **어깨띠** 하락장인 경우에는 음봉에 이어 그 몸통 안에서 시초가가 형성되었다가 양봉을 형성하는 형태를 가리킨다.

익을 남기기 위한 매도를 했기 때문이다. 그 후 하락이 멈춘다면 투자자의 상승 기대감은 유지된다.

◎ 상황 분석과 시세 암시

'어깨띠'는 일반적으로 시세의 흐름을 가속시킨다. 특히 상승장 초기 단계는 수요 초과 상태라고 말할 수 있는데 상승을 기대하고 있는 투자자의 수는 그다지 많지 않아 적당한 지점에서 이익을 취하기 위해 매도 주문을 내게 된다. 눌림목에서 매수해, 상승하면 매도한다는 생각으로 매수에 나선 투자자들이 많기 때문에 시장에는 비교적 매수 가격이 좋은 투자자들이 많이 존재해 시세의 움직임은 안정을 보인다. 한편, 이 주식을 매수하지 못한 투자자는 눌림목에서의 매수를 노리지만 눌림목이 만들어지기 전의 상승 국면 초입을 겨냥한 타깃 매수 수준까지는 하락하지 않는다.

◎ 실제 사례

다음 차트는 에자키그리코(グリコ)의 주봉이다. 2000년 7월 둘째 주에 연속 양봉에 어깨띠가 걸쳐지면서 '상승장에서의 음봉 어깨띠'가 발생했다. 시세는 그 후에도 몇 주간 혼조세를 보이지만 최종적으로는 커다란 상승 트렌드가 형성된다.

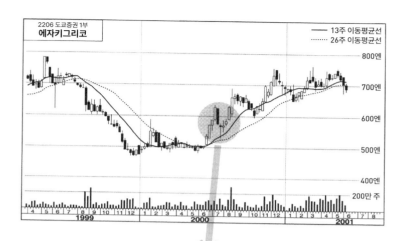

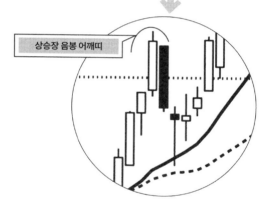

상승장 음봉 어깨띠

"어깨띠가 나타난 다음 주는 이 종목을 보유하고 있는
투자자가 보유량을 늘릴 수 있는 기회다."

8. 양봉 이후의 음봉 어깨띠

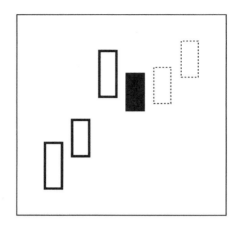

◎ 캔들의 특징

상승장 초기에 갭 상승으로 인한 양봉에 음봉이 '어깨띠'를 만든 모양을 의미한다.

◎ 매수자의 행동과 심리상태

갭 상승 후에 양봉이 나타났기에 투자자는 추가 상승을 기대하지만 곧 음봉이 나타나 그 기대감에 찬물을 끼얹었다. 그러나 소폭 하락하며 끝났기 때문에 투자자는 안도한다.

◎ 상황 분석과 시세 암시

시장 참가자에게 긍정적인 신호를 주는 재료가 나타나면서 갭 상승 양봉이 만들어졌다. 다음 주의 '음봉 어깨띠'는 일부 투자자들이 이익을 남기기 위한 매도 등에 의한 것이지만 이 매도가 한 차례 끝이 나면 시세는 다시 상승해간다. 대부분의 투자자는 눌림목을 기다리고 있는데 주가가 재료에 의해 갭 상승을 했던 수준까지 떨어지면 적극적으로 매수 주문이 들어오기 때문이다. 이처럼 상승 국면 초기에는 '어깨띠'의 출현에 의해 시세 흐름이 보다 강해진다고 말할 수 있다.

◎ 실제 사례

다음 차트는 야쿠르트(ヤクルト)의 주봉이다. 2000년 5월에 '갭 상승 양봉 이후의 음봉 어깨띠'를 만들면서 시세는 한층 더 상승했다. 그 후, 9월까지 하락으로 반전하지만 최종적으로는 크게 상승하는 트렌드가 형성되었다.

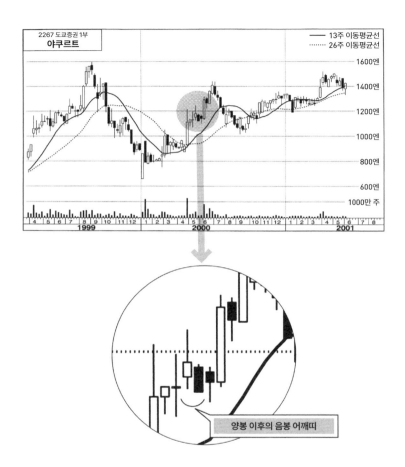

양봉 이후의 음봉 어깨띠

"이 종목을 이미 보유하고 있는 투자자라면
'어깨띠'가 출현한 다음 주는 보유량을 늘릴 수 있는 기회다."

9. 상승장 장대양봉 후의 십자선

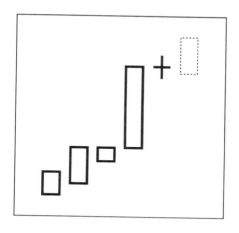

◎ 캔들의 특징

상승장 초기 단계에서 장대양봉에 이어 '십자선(크로스)'⁺이 나
타난 것을 의미한다.

◎ 매수자의 행동과 심리상태

장대양봉이 나타나면서 투자자는 시세 상승에 자신감을 가진
다. 더 큰 상승을 기대하며 신규 매수에 들어간 투자자와 이익을 남
기고 매도하는 투자자들이 뒤섞이면서 십자선이 발생했다.

✦ **십자선** '크로스' 대신 '팽이형'이라고 표현하기도 한다.

◎ 상황 분석과 시세 암시

시세가 갑자기 기대 이상으로 대폭 상승하면 일시적으로 이익을 남기기 위한 매도 주문이 증가한다. 한편, 지금까지 추이를 지켜보기만 했던 (그 종목을 보유하지 않았던) 투자자는 더 큰 상승의 파도에 뒤처지지 않으려고 매수 주문을 넣는다. 이런 매도와 매수가 교차하면서 수급 균형이 맞춰지자 십자선이 형성되었다. 이런 경우, 이익 실현을 위한 매도가 한 차례 순환해도 매수 세력의 기세가 약해지지 않으면 십자선이 발생한 다음 주 역시 양봉이 만들어지게 된다. 그리고 이 양봉에 용기를 얻은 투자자들이 매수 주문을 넣으면서 시세는 한층 더 상승한다.

◎ 실제 사례

다음 차트는 NTT도코모(NTTドコモ)의 주봉이다. 1999년 10월 첫째 주의 양봉에 이어 다음 주에 십자선이 나타나 '상승장 장대양봉 후의 십자선'이 만들어졌다. 시세는 그 후 대폭 상승했다.

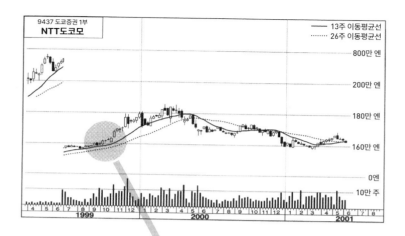

9437 도쿄증권 1부
NTT도코모

— 13주 이동평균선
······ 26주 이동평균선

800만 엔
200만 엔
180만 엔
160만 엔
0엔
10만 주

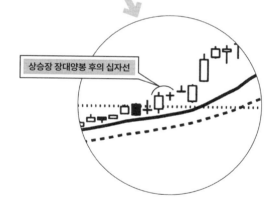

상승장 장대양봉 후의 십자선

"십자선에 이어 양봉이 보이면 매수에 나설 기회다."

10. 상승장의 혼합 삼성

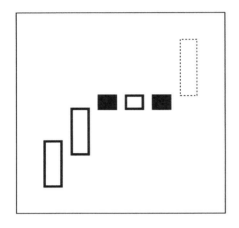

◎ 캔들의 특징

삼성(三星, 세 개의 별)이란 시세의 흐름이 일시적으로 멈추고 양봉과 음봉 등 3개가 연속으로 나타나는 모양을 가리킨다. 시세가 상승하는 도중에 나타나는 경우가 '상승장의 혼합 삼성'이다.

◎ 매수자의 행동과 심리상태

상승 시세가 멈추면서 투자자의 상승에 대한 기대감은 약간 후퇴하게 되고 일부 투자자들은 이익을 남기기 위한 매도에 나선다.

캔들차트 사용설명서

◎ 상황 분석과 시세 암시

투자자의 매수 압력은 강한 상태지만 특별한 호재가 없는 경우, 시세의 급등이나 상승을 예상하기 어렵다는 점에서 적당한 이익을 남기고 매도하겠다는 주문들이 들어온다. 또, 일부 세력이 공매를 하기 위한 전초전으로 매도 주문을 넣기도 하기 때문에 상승 시세 초기 단계에서는 상상 이상으로 오름세가 무겁게✦ 느껴지는 경우가 있다.

그러나 그런 상황 속에서 시세를 떠받치는 뉴스가 나타난다면 투자자는 다시 매수 주문을 넣게 되고 단기 트레이더 등은 공매한 것을 매수할 수밖에 없다. 따라서 시세는 보합권을 보인 이후 상승에 탄력을 받게 된다.

◎ 실제 사례

다음 차트는 닛폰방송(ニッポン放)의 주봉이다. 1999년 12월부터 2000년 1월에 걸쳐 '상승장의 혼합 삼성'이 나타났다. 보합권에서 갭 상승한 이후, 시세는 급등한다.

✦ **오름세가 무겁다** 방향은 상승 경향인데 일정 금액 이상으로 주가가 오르지 않는 상황을 가리킨다.

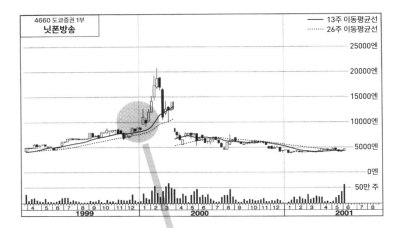

—— 13주 이동평균선
······· 26주 이동평균선

25000엔

20000엔

15000엔

10000엔

5000엔

0엔

50만 주

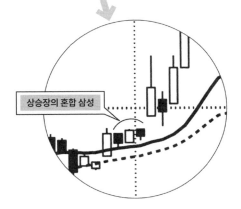

상승장의 혼합 삼성

"보합권에서 형성된 고가를 경신하고 빠진 경우라면
매수에 나설 기회다."

캔들차트 사용설명서

CHAPTER 03

상승 시세 성숙기에
나타나는 캔들

1. 갭 상승 쌍둥이 양봉

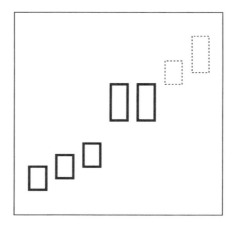

◎ 캔들의 특징

시세가 조금씩 오르는 국면에서 갑자기 갭이 발생하면서 비슷한 규모의 양봉이 2주 연속으로 세워진 것을 의미한다.

◎ 매수자의 행동과 심리상태

갭 상승 후의 2연속 양봉은 투자자에게 상승에 대한 강한 기대감을 안겨준다. 신규 매수 주문이 지금까지보다 더 강하게 들어오기 시작한다.

◎ 상황 분석과 시세 암시

저가권을 벗어나 가격이 상승하는 국면에서 시세를 지원하는 재료가 나타나면서 한층 더 가격이 상승했다. 시초가에서부터 시장가 매수 주문이 쇄도하는 등 시세는 활황을 보인다.

갭 상승 이후 두 번째 양봉의 시초가는 이익을 남기기 위한 매도가 들어와 지난주의 종가보다 낮은 위치에서 시작되었지만 종가는 지난주와 거의 비슷한 수준까지 올라왔다는 점에 주목해야 한다. 이것은 눌림목에서의 매수 압력이 매우 강하다는 뜻이기 때문이다.

한편, 투자자들 사이에 시세에 대해 낙관적인 견해가 퍼져감에 따라 시장에 새롭게 참가하는 사람들이 증가한다. 또, 점차 가격 상승 폭도 커진다. 만약 '갭 상승 쌍둥이 양봉'이 형성된 다음 주에 시세가 올라간다면 이후 대폭 상승할 징조다.

◎ **실제 사례**

다음 차트는 미쓰비시레이온(三菱レ)의 주봉이다. 2000년 4월 둘째 주, 셋째 주에 비슷한 규모의 양봉 2개가 나란히 세워지면서 '갭 상승 쌍둥이 양봉'이 출현했고 시세는 꾸준히 상승했다.

3404 도쿄증권 1부
미쓰비시레이온

— 13주 이동평균선
······ 26주 이동평균선

500엔
450엔
400엔
350엔
300엔
250엔
200엔
2000만 주

| 4 | 5 | 6 | 7 | 8 | 9 | 10 | 11 | 12 | 1 | 2 | 3 | 4 | 5 | 6 | 7 | 8 | 9 | 10 | 11 | 12 | 1 | 2 | 3 | 4 | 5 | 6 | 7 | 8 |
1999 **2000** **2001**

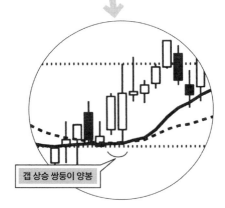

갭 상승 쌍둥이 양봉

"신규 매수나 보유량 증가에 나설 기회다."

캔들차트 사용설명서

2. 갭 상승 연속 음봉

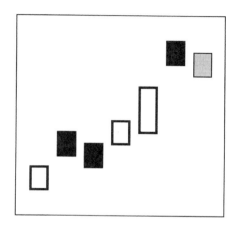

◎ 캔들의 특징

상승장에서 갭 상승 음봉이 가까운 시일 내에 2회 발생한 형태를 의미한다.

◎ 매수자의 행동과 심리상태

갭 상승으로 시초가가 형성된 이후에 음봉으로 마무리되면 투자자는 실망한다. 그러나 그 후 시세가 반등하는 모습을 보고 다시 기대감에 매수 주문을 넣는다. 그리고 몇 주일 후, 다시 갭 상승으로 출발해서 음봉으로 마무리되는 현상이 연출된다. 그럴 경우, 일부 투자자는 투자를 주저하게 된다.

◎ 상황 분석과 시세 암시

일부 투자자의 이익을 남기기 위한 매도 등에 의해 발생한 첫 번째 갭 상승 음봉에서는 이를 절호의 눌림목으로 보고 신규 매수 주문을 넣는 투자자도 많아 상승세로 전환된다. 이 시세를 보고 많은 투자자들이 더 많은 매수 주문을 넣으면서 시세는 한층 더 고가를 형성한다. 그러나 두 번째 갭 상승을 보인 후에도 결국 시세가 음봉으로 마무리되자 투자자들 대부분은 실망한다.

한편, 여전히 강한 시세를 전망하는 투자자는 이익을 남기기 위한 매도와는 반대로 매수에 나서지만 수급 균형은 점차 공급과잉 쪽으로 기울어가기 때문에 특별한 호재가 지원되지 않는 한, 상승세는 일단 꺾인다.

◎ 실제 사례

다음 차트는 교리쓰마테리얼(共立マ)의 주봉이다. 2000년 6월 둘째 주, 셋째 주에 첫 번째의 갭 상승 음봉이 형성되면서 시세는 지속적으로 상승했다. 두 번째의 갭 상승 음봉은 7월 셋째 주와 넷째 주에 형성되었다. '갭 상승 연속 음봉'이 완성된 것이다. 두 번째의 음봉이 발생한 이후에 몇 주일 동안 혼조세를 보이다가 9월 상반기에 고가가 경신되는데 결국 그곳이 천장이 되어버렸다.

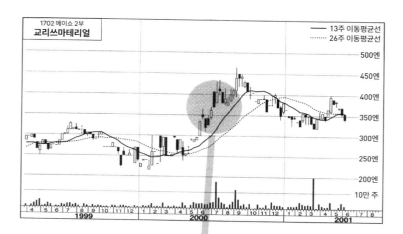

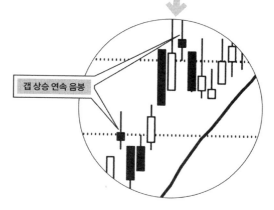

갭 상승 연속 음봉

"첫 번째 갭 상승 음봉이 발생한 다음 주는
눌림목으로 보고 매수할 기회다.
두 번째 갭 상승 음봉이 발생한다면
모든 주식을 매도하는 것이 바람직하다."

3. 상승장의 연속 장대양봉

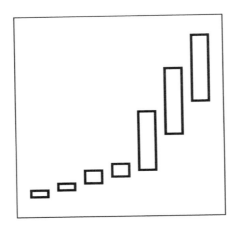

◎ 캔들의 특징

상당 기간 상승을 지속한 시세가 연속적으로 장대양봉을 세우게 된 모양을 의미한다.

◎ 매수자의 행동과 심리상태

장대양봉이 연속으로 출현하자 강한 상승 기대감 속에 투자자들은 적극적으로 매수 주문을 넣는다.

◎ 상황 분석과 시세 암시

매수 주문이 쇄도해 매우 활황을 띤 상태다. 투자자 대부분은 이 상황을 매우 낙관적으로 전망하고 '어디에서 이익을 올릴 것인가'가 아니라 '어디에서 더 매수해 보유량을 늘릴 것인가'를 생각한다. 주가의 급격한 상승에 동반해 투자자의 매수 잔고(롱 포지션)도 급속도로 증가한다.

전반적으로 시장이 약간 가열된 상태다. 따라서 장대양봉이 5개 연속 이어진다면 하락을 주의해야 한다.

◎ 실제 사례

다음 차트는 닛폰케미콘(日ケミコン)의 주봉이다. 1999년 12월부터 이어진 완만한 상승세는 2000년 8월로 접어들면서 급상승했다. 첫 번째 주부터 4주 연속으로 장대양봉이 세워지면서 '상승장의 연속 장대양봉'이 나타났다. 그러나 상승도 거기까지였다. 결국 매도 주문에 눌리면서 시세는 크게 하락했다.

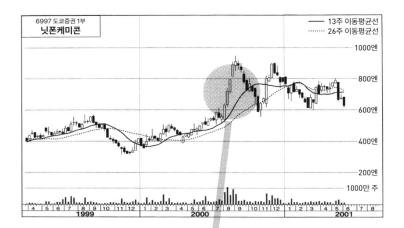

6997 도쿄증권 1부
닛폰케미콘

— 13주 이동평균선
······ 26주 이동평균선

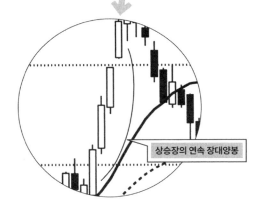

상승장의 연속 장대양봉

"3회째 장대양봉에서 서서히 이익을 남기기 위한
매도를 고려하는 (어깨에서 판다) 것이 정석이다."

캔들차트 사용설명서

4. 양봉을 잉태한 역망치

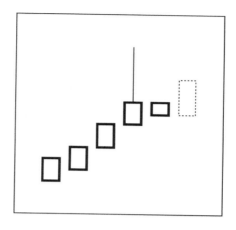

◎ 캔들의 특징

상승장에서 '위꼬리가 길게 달린 역망치'가 나타나고 그 역망치
가 다음 주의 양봉을 완전히 잉태한 모양이다.

◎ 매수자의 행동과 심리상태

상승장이 이어지면서 투자자에게는 낙관적인 전망이 퍼져나간
다. '위꼬리가 길게 달린 역망치'에 대해서는 꼬리의 길이(고가에서
가격이 크게 떨어졌다는 의미)보다 고가 그 자체에 주목이 모아지기
쉽다.

◎ 상황 분석과 시세 암시

고가 부근에서 장이 마무리되었다면 장대양봉이 되었을 텐데 '위꼬리가 긴 역망치'로 끝났다는 것은 상승장에서 갑자기 헛소문 등을 포함한 악재가 나타나 투자자가 일제히 매도하면서 시장이 단번에 붕괴되었기 때문이다. 그리고 다음 주의 작은 양봉은 투자자가 악재의 진상을 확인하기 위해 거래를 삼가고 상황을 지켜보는 쪽으로 전환되면서 주가의 폭이 작아진 것이다.

후에 악재가 거짓이라는 사실이 판명되면 투자자들이 매도해버린 주식을 다시 매수하면서 시세가 급반등하는 경우가 있다. 특히 위꼬리의 고가를 뚫고 올라갈 수 있다면 한층 더 강력한 상승을 기대할 수 있다. 주의해야 할 점도 있다. 나중에 부정되었다고는 해도 시장에는 이미 헛소문 등의 악재에 즉각적으로 반응해 무너져버리기 쉬운 위험성이 여전히 존재한다는 것이다.

◎ 실제 사례

다음 차트는 이케가미통신기(池上通)의 주봉이다. 2000년 2월 셋째 주에 커다란 위꼬리 양봉이 출현, 이어서 넷째 주의 작은 위꼬리 양봉 역망치가 다음 주 양봉의 몸통을 완전히 품어 '양봉을 잉태한 역망치'가 형성되었다. 이 경우에는 직후에 장대음봉이 세워지면서 상승세가 꺾인 후 시세는 하락세로 전환되었다.

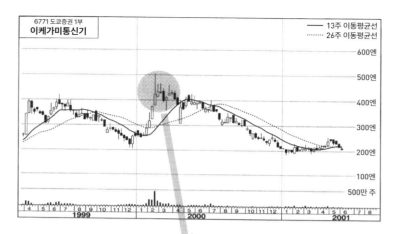

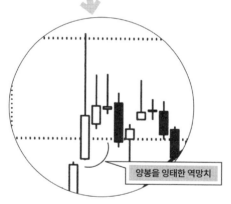

양봉을 잉태한 역망치

"긴 꼬리의 고가를 뚫고 올라가는 시점이 매수에 나설 기회지만
시장은 이미 가열되어 있는 상태라는 사실을 잊지 말아야 한다."

CHAPTER 04

천장을 암시하는
캔들

1. 3연속 널뛰기

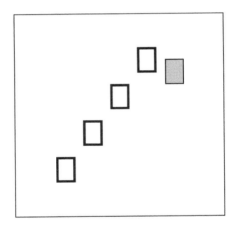

캔들차트 사용설명서

◎ 캔들의 특징

상승장 도중에 투자자의 예상을 훨씬 뛰어넘는 호재가 나오는 경우로 갭 상승 양봉이 4개 연속으로 나타난 모양을 의미한다.

◎ 매수자의 행동과 심리상태

시장은 상승 추세의 강세장(Bull Market, 불마켓으로 장기간에 걸쳐 주가 상승이 이뤄지는 장을 의미한다)을 보여주고 있다. 투자자는 천재일우의 기회라는 판단에 시초가부터 시장가 매수 주문을 넣는다. 이미 이익을 실현한 투자자는 재매수에 들어가는 등, 모든 사람들이 시세의 상승을 믿어 의심치 않는 상태다.

◎ 상황 분석과 시세 암시

시장은 활기에 넘치고 매수 주문이 쇄도한다. 계속 상승만 하는 장이기 때문에 미디어 등에서도 대대적으로 다루고 투자자는 "지금 매수하지 않으면 두 번 다시 기회는 오지 않는다.", "이 시장에 참가하지 못한다면 투자자가 아니다"라는 등 조급한 마음에 남에게 뒤처질세라 매수 주문을 넣는다.

또, 시장의 붕괴를 노리고 대량의 공매 등을 했던 투자자들은 예상 밖의 호재 덕에 강력한 상승 시장이 형성되면 역일보[+]가 발생하거나 보유 자산의 손실 등을 견딜 수 없어 어쩔 수 없이 매수 쪽으로 돌아선다. 이런 대량 매수도 더해지면서 '3연속 널뛰기'가 발생한 것이라고 추측할 수 있다.

◎ **실제 사례**

다음 차트는 야후(ヤフー)의 주봉이다. 한동안 이어지는 상승장 도중 2000년 2월에 '3연속 널뛰기'+가 발생했다. 마지막에 장대양봉을 세우기는 했지만 곧 하락으로 전환되면서 시세는 천장을 찍었다. 따라서 이 캔들이 형성되면 최종적으로는 시장의 매수 잔고 (롱 포지션)가 대규모로 쌓이고 시세가 단기간에 급상승하면서 적정선을 지나치게 벗어났다.

이는 RTM(Reversion to mean)으로, 연속 상승할 경우 매수 잔고 보유자는 현재 가격이 평균단가(적정선, 이동평균선)를 크게 지나치는 경우, 차익실현 욕구와 함께 하락 반전 우려를 지니게 된다. 게

+ **역일보** 逆日步. 증권 거래에서, 사는 쪽보다 파는 쪽의 주식이 적을 때 증권거래소나 대행 기관에게 파는 쪽을 대신해서 부족한 주식을 인도하게 하고 지급하는 금리를 의미한다. 이는 주식 공매도와 관련된 개념으로 이해하면 된다. 일보(日步)는 하루 단위로 발생하는 비용(이자)을 의미하고, 대차시장 수급 불균형으로 발생하는 역일보는 일반적인 이자와 반대로 주식을 공매도한 사람(차입자)이 아니라 공매도 대상 주식을 빌려준 이가 추가 비용을 지불해야 하는 상황을 의미한다.

+ **3연속 널뛰기** 주봉에서는 순수한 '3연속 널뛰기'가 발생하는 경우는 드물기 때문에 캔들의 몸통과 몸통 사이의 갭이 3개 연속으로 형성된 케이스를 넓은 의미에서 '3연속 널뛰기'로 본다.

다가 매수 잔고가 대규모로 쌓이고 연속된 갭 상승으로 적절가를 이탈했다는 인식이 생기면, 특정 계기로 인해 무너지기 쉬운 상태다. 매수 잔고를 추가로 쌓을 투자자가 상대적으로 적어지기 때문이다.

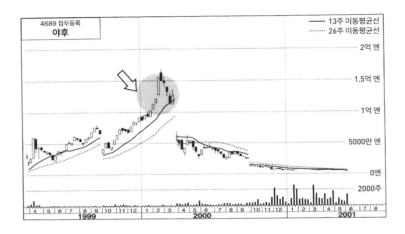

── 13주 이동평균선
······ 26주 이동평균선

"기술적으로는 두 번째의 갭이 형성되면
매수는 삼가야 하며
세 번째의 갭을 확인한 뒤에 이익을 실현하는 것이 정석이다."

2. 8연속 고가 경신

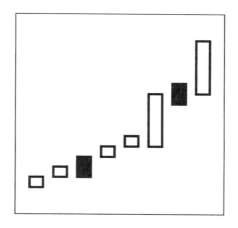

◎ 캔들의 특징

상승장이 이어지는 도중 직전의 고가가 8주에서 10주 연속으로
경신된 모양을 의미한다.

◎ 매수자의 행동과 심리상태

시장 참가자는 대폭적인 상승장을 환영함과 동시에 규모가 큰
매수 주문을 계속 넣는다. 투자자의 상승에 대한 기대감은 한층 더
높아지고 많은 투자자들이 그 종목을 어느 정도 보유하고 있는지
등을 화제로 삼는다.

◎ 상황 분석과 시세 암시

사이에 음봉이 끼인 상태로 8주에서 10주 동안 연속으로 고가가 경신되는 경우는 매우 드물다고 생각하기 쉽지만 과거의 추이를 조사해보면 주식뿐 아니라 각종 상장 상품들 역시 이런 형태가 꽤 많다. 이런 상황이라면 주가 등이 상승함에 따라 시장 참가자의 수와 시장의 매수 잔고(롱 포지션)는 급속도로 증가해간다.

투자자는 "매수하면 오른다, 오르기 때문에 매수한다"라는 긍정적인 상황에 취해 이 잔치가 영원히 계속될 것이라고 믿어 의심하지 않는다. 그러나 냉정하게 생각해보면 2, 3개월이나 신고가⁺를 경신해온 시세는 아무리 지원하는 호재가 잘 갖추어졌다고 해도 펀더멘털에서 크게 벗어나 있기 때문에 그 상승 폭과 속도가 영원히 유지될 수는 없다.

이런 경우, 단위기간당 수익률(가격 상승 폭)이 줄어들기 시작하면 점차 이익 실현을 위한 매도가 나온다. 처음에는 매수 가격이 좋

✦ **신고가** 도쿄증권거래소의 발표에 의하면 3월 말까지는 작년 최고가를 신고가로 보고 4월 이후에는 올해의 최고가를 신고가로 본다. 주가가 일정 기간 동안 없었던 높은 가격을 기록했을 때, 그 가격을 신고가라고 한다. 반대로 일정 기간 동안 없었던 새로운 낮은 가격을 기록하면 신저가라고 표현한다. 신고가란 주가 상승으로 형성된 새로운 가장 높은 주가를 뜻한다. 주식의 가격인 주가가 새로운 가장 높은 가격에 도달했다는 것은 다양한 의미를 가지고 있다. 특정 주식 종목의 주가가 신고가에 도달했다는 것은 주가 상승력의 가장 중요한 원동력 중 하나인 매수세가 매도세를 상대적으로 압도했다는 의미다.

은 투자자들로부터 시작되기 때문에 시세의 눌림 현상은 한정적이지만 서서히 매도 압력이 증가하면서 시세는 크게 내려간다. 이윽고 보유 자산의 이익이 손실로 전환되어버린 투자자들의 투매가 시작되면 시세는 단번에 떨어져 경우에 따라서는 대폭락으로 연결된다.

◎ 실제 사례

다음 차트는 코니카(コニカ)의 주봉이다. 2000년 5월 첫째 주부터 보합권을 빠져나와 강한 상승을 보여주었다. 7월 둘째 주에 걸쳐 11주 연속으로 고가가 경신되는데 이것이 '신고가 8회 연속선'을 만들었다. 결국, 7월 둘째 주에 이르러 주가는 천장을 찍은 뒤 하락하고 말았다.

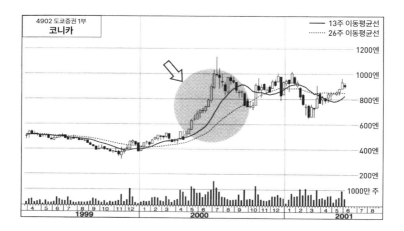

"미실현 이익은 어디까지나 실현하지 않은 이익이다.
단계적으로 이익을 실현하는 것이 바람직하다."

212   캔들차트 사용설명서

3. 고가 경신 중 십자선

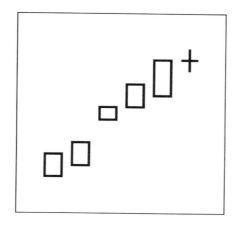

◎ 캔들의 특징

한동안 상승장이 이어지던 도중, 갭 상승 양봉이 발생하고 그 후에도 연일 고가를 경신하던 도중에 '십자선'이 나타난 모양을 의미한다.

◎ 매수자의 행동과 심리상태

상승 과정에서의 갭 상승 양봉은 투자자에게 상승에 대한 강한 기대감을 안겨준다. 그 후에도 매수 주문이 지속적으로 들어오면서 계속 고가를 경신한다.

◎ 상황 분석과 시세 암시

투자자에게 호감을 주는 재료가 나타나 시세는 한층 더 올라가는 모양새다. 적극적으로 매수 주문이 들어오는 상태로 직전의 고가는 계속 경신되어 그야말로 천장을 알 수 없는 상태다.

한편, 그런 상황에서 나타난 십자선은 매우 중요하다. 일부 투자자는 한층 더 큰 상승할 것이라는 기대감을 가지고 있고 신규 매수 주문도 들어오지만 시세는 상승하지 않았기 때문에 반대로 비슷한 규모의 이익 실현을 위한 매도가 나오고 있는 것이라고 추측할 수 있다. 즉, 고가권에서 수급이 균형을 이룬 상태다.

이것은 결과적으로 시장에 매수 가격이 나쁜 (비싼 가격에 매수한) 매수 포지션을 증가시키게 되어 한 차례 시세가 하락으로 전환되면 보유 주식의 손실을 끌어안게 될 투자자가 증가한다는 사실을 의미한다. 갭 상승 양봉 이후의 연속적인 고가 경신으로 시세가 지나치게 올랐기 때문에 하락에 대비할 필요가 있다.

◎ 실제 사례

다음 차트는 일본항공(日本航空)의 주봉이다. 2000년 6월 넷째 주에 갭 상승 양봉이 나타나고 시세는 7월 넷째 주까지 계속 상승하지만 그 직전인 7월 셋째 주에 십자선이 나타나 '고가 경신 중 십자선'에 해당하게 되었다. 그 후, 시세는 하락 국면을 맞이한다.

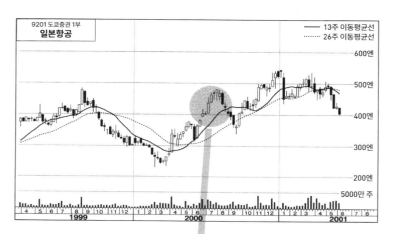

9201 도쿄증권 1부
일본항공

— 13주 이동평균선
······ 26주 이동평균선

600엔
500엔
400엔
300엔
200엔
5000만 주

4 5 6 7 8 9 10 11 12 | 1 2 3 4 5 6 7 8 9 10 11 12 | 1 2 3 4 5 6 7 6
1999 | **2000** | **2001**

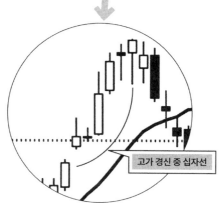

고가 경신 중 십자선

"'무릎에 사서 어깨에 팔라'는 격언을 잊지 말아야 한다.
십자선이 확인되면
이익을 실현할 때라고 생각하는 것이 좋다."

4. 막다른 골목

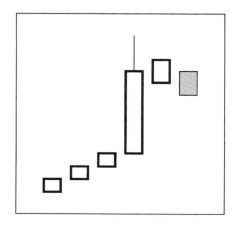

◎ 캔들의 특징

한동안 이어진 상승장 도중 장대양봉이 서고 그 종가보다 낮은 위치에서 다음 주의 시초가가 형성되어 양봉으로 마감되기는 했지만 고가를 경신하지는 못한 모양이다.

◎ 매수자의 행동과 심리상태

장대양봉에 이어 다음 주도 양봉이 섰다는 이유에서 투자자는 더 큰 상승장을 기대하고 매수 주문을 넣는다. 그러나 전날의 고가를 경신하지 못했다는 점에서 일부 투자자에게 실망이 싹트기 시작한다.

캔들차트 사용설명서

◎ 상황 분석과 시세 암시

장대양봉을 세우면서 대폭적인 상승을 보였던 시세에 투자자들은 흥분한다. 다음 주에 고가가 경신되지 않았던 것은 일부 투자자의 실망 때문이지만 이 캔들에서 더 중요한 점은 장대양봉이 형성된 주의 종가보다 다음 주의 시초가가 밑돌았다는 점이다.

장대양봉은 적어도 시세를 밀어 올릴 가치가 있는 호재가 나타나면서 대량 매수 주문 등이 들어와 발생한 것인데 다음 주의 시초가 시점에서는 반대로 시장가 매도 주문 쪽이 더 강했다. 그 후, 이익을 실현하기 위한 매도가 한 차례 실현되고 눌림목 매수 등이 이루어지면서 양봉으로 끝났지만 잠재적인 매도 압력이 매우 강하다는 점을 놓치면 안 된다.

지난주의 종가를 밑도는 위치에서 시초가가 형성되고 지난주의 고가를 경신하지 못했다는 것은 매수 세력이 약해졌다는 사실을 단적으로 나타내고 있다. '막다른 골목'이 만들어진 다음 주에 음봉이 만들어진다면 시세는 곧 하락하게 된다.

◎ **실제 사례**

　다음 차트는 이케가미통신기(池上通)의 주봉이다. 2000년 2월 셋째 주에 위꼬리가 긴 양봉의 고가를 다음 주의 양봉 역망치가 경신하지 못하면서 '막다른 골목'이 만들어졌고 시세는 천장을 형성하게 되었다. 그리고 다음 주의 위꼬리가 긴 양봉 역망치까지 포함하면 앞서 설명했듯 '양봉을 잉태한 역망치'에도 해당되는 캔들 모양을 만들었다.

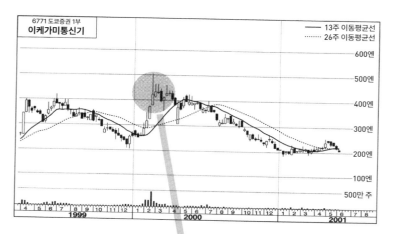

6771 도쿄증권 1부
이케가미통신기

—— 13주 이동평균선
……… 26주 이동평균선

600엔
500엔
400엔
300엔
200엔
100엔
500만 주

1999   2000   2001

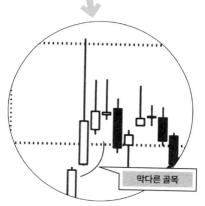

막다른 골목

"보유 주식을 매도해 이익을 실현해야 하는 시점이다."

제4부 캔들차트의 복합선 이렇게 읽는다

219

5. 상승장의 흑삼병

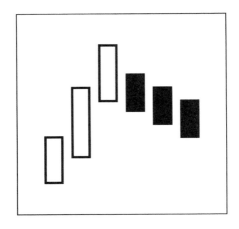

◎ 캔들의 특징

상당 기간 상승장이 이어진 후에 음봉이 지난주 양봉의 종가보다 상당히 낮은 위치에서 나타났고 또 음봉 3개가 연속된 모양이다. 한편, 두 번째, 세 번째 음봉의 시초가는 각각 지난주의 종가를 웃돌게 된다.

◎ 매수자의 행동과 심리상태

시세가 상승 중이라고는 하지만 음봉 3개가 연속적으로 나타나는 형태는 대부분의 투자자에게 불안함을 안겨준다. 한편, 시장을 긍정적으로 예측하거나 공격적인 투자자는 절호의 조정 국면이라고 생각해 매수량을 더 늘린다.

◎ **상황 분석과 시세 암시**

장기간에 걸쳐 상승이 이어지고 있는 도중에 특별한 이유도 없이 가격이 하락하는 경우가 있다. 그 대부분은 일부 투자자가 이익을 실현하기 위해 대량 매도 주문을 넣기 때문이지만 이 캔들에서는 첫 번째 음봉의 시초가가 전주의 종가를 크게 밑돌고 있다는 점에 주의해야 한다. 이익을 확보하기 위해 움직인 투자자는 일반 투자자들이 모르는 확실한 정보 등에 근거해 시초가에 대량의 시장가 매도 주문을 실행한 것이다.

그리고 음봉 3개가 연속으로 발생하는데 여기에도 주목할 만한 부분이 있다. 두 번째, 세 번째 음봉의 시초가가 각각 지난주 종가를 웃돌고 있다는 점이다. 이것은 시세에 대해 여전히 긍정적인 견해를 가지고 있는 투자자나 음봉을 눌림목으로 생각하는 투자자들이 각 주의 시초가부터 적극적으로 매수 주문을 넣었기 때문이라고 생각할 수 있다. 그러나 결국 이익 실현을 위한 매도 압력이 승리를 거둔다.

한편, 상당 기간 상승을 지속한 시세는 펀더멘털에서 크게 벌어져 있는 경우가 많고 시장에 존재하는 매수 잔고(롱 포지션)는 대규모로 형성되어 있다. 이런 상황에서 처음에 대량 매도 주문이 밀려

드는 계기였던 정보가 점차 투자자들 사이에 폭넓게 침투해가면서 시장에는 내림세[*]가 심화된다.

◎ 실제 사례

다음 차트는 니혼테레비방송망(日テレ)의 주봉이다. 2000년 2월 마지막 주부터 음봉이 3개 연속으로 출현했고, '상승장의 흑삼병'을 만들면서 천장을 형성했다. 대폭으로 하락한 후, 시세는 장기간 혼조세를 보이게 된다.

.

✦ **내림세** 시세가 낮아지는 상태다. 반대로 시세가 높아지는 상태를 '오름세'라고 한다. 보통 '내림세(오름세)가 강하다', '내림세(오름세)가 급하다'는 식으로 사용한다.

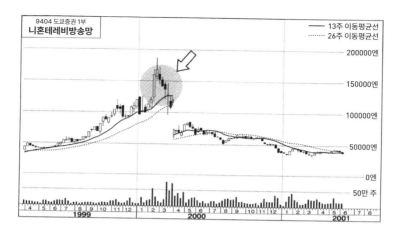

13주 이동평균선
26주 이동평균선

200000엔

150000엔

100000엔

50000엔

0엔

50만 주

1999　　2000　　2001

"보유 주식을 매도해 이익을 실현해야 하는 국면이다."

6. 교수형 양봉 망치

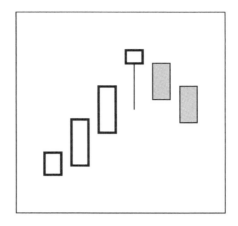

◎ 캔들의 특징

한동안 이어진 상승 과정에서 갭 상승을 보이면서 형성된 '양봉 망치' 모양이다.

◎ 매수자의 행동과 심리상태

시세가 오를 것이라는 기대 속에 매수 주문이 쇄도하는 덕에 갭 상승이 발생했다. 일시적으로 대폭적인 누르기가 보여 투자자에게 불안함이 퍼지지만 고가에서 마무리되었다는 데에 안도해 투자자들은 더 큰 상승을 기대한다.

◎ 상황 분석과 시세 암시

이 주는 주초부터 주말까지 큰 오르내림을 보여주었다. 투자자의 행동 등을 추측하면 다음과 같은 경우를 생각해볼 수 있다. 우선 지난 주말, 시장 참가자가 크게 기대할 만한 소문 등이 나돌아 시초가부터 매수 주문이 쇄도해서 갭 상승이 발생했다. 후에 그 뉴스가 사실이 아니라는 소문이 흘러나오면서 시세는 급격히 하락하게 된다. 그러나 주말을 지나며 진상이 규명되면서 투자자에게 긍정적인 내용이 있었기 때문에 다시 급상승해 그대로 고가 마감을 하게 된 경우다.

또는 시장 참가자가 이전부터 기대하고 있던 호재가 갑자기 발표되어 주초에 갭 상승이 발생했지만 대부분의 투자자에게 그 내용이 예상했던 범위 안에 해당하는 것이었기 때문에 이익을 확보하기 위한 매도 주문이 쇄도, 큰 폭으로 눌렸다. 하지만 주말에 걸쳐서 시세가 한층 더 오를 것을 전망한 투자자들의 매수 주문이 다시 수준을 크게 끌어올린 경우를 생각할 수 있다.

어느 쪽이든 시세의 고가권에서 매도를 하고 빠져나온 투자자와 새롭게 매수에 나선 투자자가 모두 존재하며 시장 전체로 보면 평균 매수 가격은 매우 높다. 이처럼 고가권에서의 오르내림은 앞으로의 시세 향방에 대해 투자자의 견해가 크게 양분화되기 때문에 발생한다. 그 후 시세가 상승하는 현상이 보이지 않으면 신규 매수 등에 나섰던 투자자는 크게 실망한다. 그리고 한 차례 가격 붕괴가 발생하면 투자자들의 매도 주문이 쇄도한다.

◎ **실제 사례**

다음 차트는 킹(キング)의 주봉이다. 2000년 5월 둘째 주의 장대양봉에 이어 다음 주에는 양봉 망치가 만들어져 갭 상승을 보였지만 '교수형 양봉 망치'가 출현했다. 곧 그때까지의 상승장은 반전되면서 급락해버렸다. 천장이 확인된 순간이다.

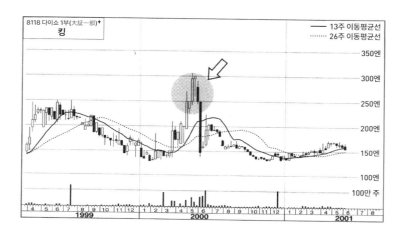

8118 다이쇼 1부(大証一部)⁺
킹

― 13주 이동평균선
…… 26주 이동평균선

350엔
300엔
250엔
200엔
150엔
100엔
100만 주

│4│5│6│7│8│9│10│11│12│ │1│2│3│4│5│6│7│8│9│10│11│12│ │1│2│3│4│5│6│7│8│
1999   2000   2001

"보유 주식을 매도해 이익을 실현해야 하는 국면이다."

✦ **다이쇼 1부** 다이쇼(大証)는 오사카증권거래소(大阪証券取引所)의 약칭이다. 오사카증
권거래소는 도쿄증권거래소, 나고야증권거래소와 나란히 일본 3대 증권시장의 하나였
다. 2013년 1월 1일에 도쿄증권거래소와 통합되어 지주회사 일본거래소 그룹 산하로
들어가게 되었고 같은 해 7월 16일에는 모든 현물주식시장을 도쿄증권거래소로 이관했
다. 오사카증권거래소는 2014년 3월부터 도쿄증권거래소와 오사카증권거래소의 금융
파생상품 시장을 집약한 오사카거래소(大阪取引所)로 상호를 변경했다.

7. 상승장 갭 상승 음봉

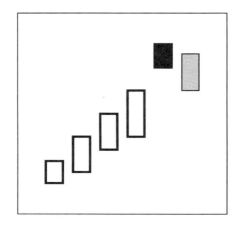

◎ 캔들의 특징

한동안 이어진 상승장 도중, 갭 상승을 하기는 했지만 최종적으로는 음봉으로 마무리된 모양으로 종가도 지난주의 종가보다 상위에 있다.

◎ 매수자의 행동과 심리상태

투자자들은 시세가 한층 더 상승할 것이라는 기대를 했지만 매수세가 이어지지 않자 곧 실망하게 된다. 단, 종가가 지난주의 종가를 웃돌고 있다는 점에서 초조함은 느끼지 않는다.

◎ 상황 분석과 시세 암시

상승장이 길게 이어졌기 때문에 매수 잔고(롱 포지션)는 크게 쌓여 있다. 그런 상황에서 주말에 나타난 호재를 계기로 시세는 갭 상승을 보였다. 시장 참가자에게 이 기사가 큰 호감을 느낄 수 있는 재료라면 계속 매수 주문이 몰려 대폭 상승했을 것이다. 그러나 오히려 캔들은 음봉으로 마무리되었다. 이 경우의 갭 상승은 일부 투자자의 저돌적인 매수에 더해 단기 투자자의 매도 잔고(숏 포지션) 대규모 되사기에 의해 발생한 것이라고 추측할 수 있다.

그러나 나타난 재료는 투자자의 매수 의욕을 부추기는 것은 아니었기 때문에 점차 이익 실현을 위한 매도 압력이 증가해 시세는 하락해버렸다. 시세의 지속적인 상승에는 지원할 만한 재료가 필요한데 시장 참가자의 보유 주식(포지션)은 매수 쪽으로 크게 기울어 있기 때문에 잠재적인 하락 요소가 존재한다는 사실은 부정할 수 없다. 시세는 곧 조정을 보이게 된다.

◎ 실제 사례

다음 차트는 일본화학공업(日本化学工業)의 주봉이다. 2000년 7월 첫째 주에 그때까지의 상승장을 누르듯 '상승장 갭 상승 음봉'이 나타나 천장을 찍었다. 시장이 기세를 단번에 잃어버린 것을 확인할 수 있다.

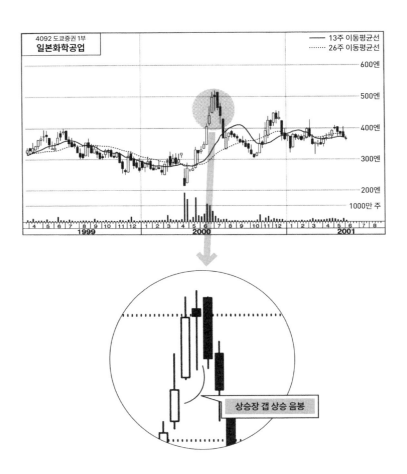

"보유 주식 일부를 매도해 이익을 얻는 것이 좋다."

8. 석별

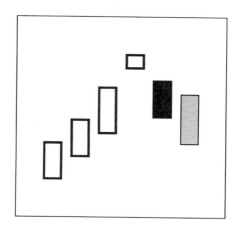

◎ 캔들의 특징

별의 출현을 계기로 상승장이 하락으로 전환된 모양으로 '샛별'의 반대 케이스를 의미한다.

◎ 매수자의 행동과 심리상태

갭 상승 양봉은 투자자에게 상승에 대한 기대감을 안겨준다. 그러나 다음 주에 시세는 음봉이 되어버렸다. 결국 투자자들 사이에 실망이 퍼져나간다.

◎ 상황 분석과 시세 암시

'별'이 출현하기 직전에 상당한 규모의 매수 주문이 소화되지 못한 채 막을 내렸다. 시장에는 가까운 시일 안에 이 종목에 관한 긍정적인 뉴스가 발표될 것이라는 소문도 있어서 투자자는 적극적으로 매수 주문을 넣었지만 지난주의 매수 주문이 소화되지 못한 채 막을 내렸다.

매수 투자자는 재료에 대한 기대와 초조함에 시장가 주문을 넣어 매수하고자 했고, 기존 보유자는 차익 실현보다는 추가적인 매수 규모를 보고 매도를 판단하려는 과정이 이어지며 주문 규모는 제한적일 수밖에 없었다. 어쩔 수 없이 '별'이 출현한 주의 시초가에 시장가 매수 주문을 넣을 수밖에 없었다.

하지만 막상 발표된 뉴스에 투자자의 기대를 뛰어넘는 내용은 없었다는 점에서 이번에는 적정선에서 이익을 실현하기 위한 매도 주문이 밀려 들어오면서 시세가 눌리는 모습을 보였다. 이렇게 해서 신규 매수 주문이 줄어드는 한편 매도 주문이 점차 증가했기 때문에 '별'이 발생한 다음 주는 음봉이 된 것이다.

시세가 상승하는 과정에서 투자자의 매수 잔고(롱 포지션)는 주가의 하락과 함께 어쩔 수 없이 줄어들면서 시세 하락에 박차를 가했다.

◎ 실제 사례

다음 차트는 미쓰이금속(三井金)의 주봉이다. 1999년 12월에 바닥을 친 시세는 약 9개월에 걸쳐 대폭 상승했다. 11월 하반기에 완만한 하락세를 보였지만 12월 첫째 주에 장대양봉이 섰고 다음 주의 십자선 출현에 이어 셋째 주에 갭 상승 양봉 역망치가 발생했다. 그러나 넷째 주에는 갭 하락 긴꼬리 음봉이 형성되면서 '석별'이 완성된 뒤 시세는 크게 하락해버렸다.

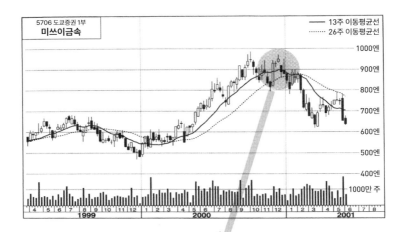

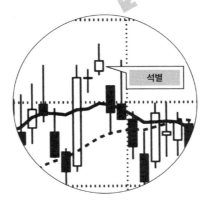

석별

5706 도쿄증권 1부
미쓰이금속

—— 13주 이동평균선
······ 26주 이동평균선

"보유 주식을 매도해 이익을 실현하는 것이 바람직하다."

캔들차트 사용설명서

9. 양봉을 잉태한 장대양봉

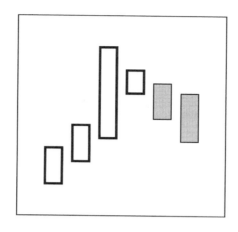

◎ 캔들의 특징

상승장이 한동안 이어지는 도중, 고가권에서 장대양봉이 작은 양봉을 잉태한 모양을 의미한다.

◎ 매수자의 행동과 심리상태

투자자의 관심을 끌어 매수 주문이 집중되면서 장대양봉이 세워졌다. 최종적으로 고가 경신은 하지 못했지만 다시 양봉으로 마감해 투자자의 상승에 대한 기대감은 계속 이어진다.

◎ 상황 분석과 시세 암시

상당 기간 상승했던 시세 덕에 시장의 매수 잔고(롱 포지션)는 크게 부풀려졌다. 그래서 나타난 장대양봉은 신규 투자자에 의한 적극적인 매수, 이미 그 종목을 보유하고 있는 투자자의 보유량 증가, 그리고 공매를 했던 단기 투자자의 되사기 등이 한 번에 집중된 결과다. 물론 배경에는 그들이 그런 행동을 하도록 만든 재료가 있었겠지만 결과적으로 매수 잔고는 한층 더 증가한다.

한편, 이 정도로 강력한 매수 주문을 모은 시세였기에 다음 주도 고가를 경신할 것이라는 기대를 했지만 시초가는 장대양봉의 종가를 크게 밑돌아버렸고 그 후에 상승할 기력을 잃은 채 장은 마감되어버렸다.

눌림목에서는 매수 주문이 시세를 밀어 올리기는 했지만 이후 지속적인 이익 실현 매도 주문이 강력하게 장을 누르는 현상이 발생했다는 뜻이다. 따라서 호재의 지원을 받았음에도 잠재적으로 커다란 매도 압력이 걸려 있다는 사실을 엿볼 수 있다. 이제 하락 국면이 다가오고 있다.

◎ 실제 사례

다음 차트는 나카요통신기(ナカヨ通)의 주봉이다. 1999년 7월 셋째 주의 장대양봉이 다음 주의 양봉을 잉태해 '양봉을 잉태한 장대양봉'이 만들어졌다. 시세는 천장을 확인하고 하락으로 전환된다. 이와 비슷한 캔들 모양으로 '음봉을 품은 장대양봉'이 있다. 고가권에서 장대양봉이 음봉을 잉태한 것으로 대폭적은 상승 직후에 이익 실현 매도 등이 들어온 상태를 나타내며 마찬가지로 하락 국면으로 접어들 것이라는 사실을 암시한다.

6715 도쿄증권 2부
나카요통신기

——— 13주 이동평균선
········ 26주 이동평균선

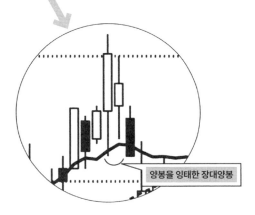

양봉을 잉태한 장대양봉

"보유 주식을 매도해 이익을 실현하는 것을 추천한다."

10. 하락 음봉을 품은 장대양봉

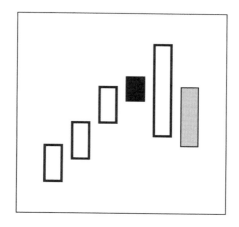

◎ 캔들의 특징

시세가 상승하는 도중에 장대양봉이 지난주의 음봉을 품은 모양[+]을 의미한다.

◎ 매수자의 행동과 심리상태

고가권에서 이익 실현을 위한 매도 등이 들어와 시세는 상승을 멈춘다. 하지만 다음 주, 강력한 장대양봉이 세워지면서 투자자의

✦ **품었다** 직전(전일, 전주, 전월)의 캔들을 완전히 감싸버린 장대양봉(또는 장대음봉)이 나타난 형태를 말한다.

상승 기대감은 한층 높아진다.

◎ **상황 분석과 시세 암시**

고가권에서 이익 실현을 위한 매도 등이 들어와 작은 음봉을 만들었다. 그리고 다음 주도 시장가 매도 주문 때문에 시초가가 낮은 위치에서 시작되었다는 점에서 시세는 이미 천장을 형성하기 시작했다고 생각할 수 있다. 그러나 시세가 급격히 상승하면서 장대양봉을 세웠다.

이런 경우 다음과 같은 형태를 가정할 수 있다. 대량 매수 주문에 자본을 집중적으로 투하할 수 있는 단기 투자자 등이 시세를 밀어 올리는 데에 나선 경우, 또는 매도 잔고(숏 포지션)를 보유하고 있던 단기 투자자 등이 대량으로 되산 경우 등이다. 어떤 경우든 투자자로부터의 지속적인 매수 주문이 시세를 지원해주지 않는 한, 대폭적인 상승은 단발성으로 끝나버릴 수도 있다.

물론 매수 주문을 넣은 투자자도 있었지만 시장은 장대양봉이 나타나기 전부터 이미 공급 초과 상태에 있었다고 볼 수 있다. 그 후 눈에 띄는 상승세가 보이지 않는 한 점차 투자자들의 매도 주문이 증가하므로 하락의 위험성에 대비해야 하는 국면이다.

◎ 실제 사례

다음 차트는 NTT도코모(NTTドコモ)의 주봉이다. 2000년 3월 셋째 주의 장대양봉이 지난주의 음봉을 완전히 품었다. 결국 고가권에서의 '하락 음봉을 품은 장대양봉'이 되었다. 시세는 천장을 형성한 뒤 하락한다.

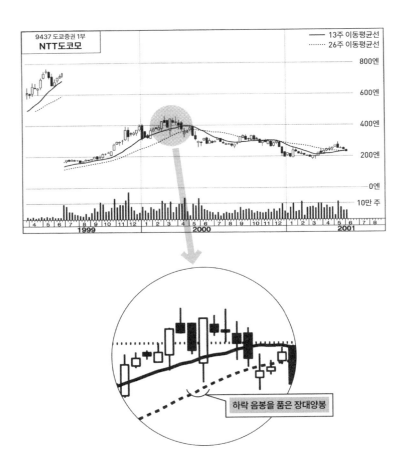

9437 도쿄증권 1부
NTT도코모

―――― 13주 이동평균선
‥‥‥‥ 26주 이동평균선

하락 음봉을 품은 장대양봉

"보유 주식을 매도해 이익을 실현하는 것이 바람직하다."

11. 양봉을 품은 장대음봉

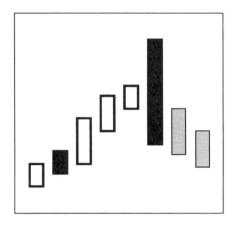

◎ 캔들의 특징

시세가 상승하는 도중에 장대음봉이 지난주의 양봉을 품은 모양을 의미한다.

◎ 매수자의 행동과 심리상태

지금까지 매수해온 투자자들이 크게 실망하게 되는 캔들 모양이다. 시세가 고가권이라는 점에서 이익 실현을 위한 매도 등이 들어오기 시작하는 캔들이다.

◎ 상황 분석과 시세 암시

매우 단순한 천장 형성 국면이다. 시세가 상승하는 과정에서 전주의 종가를 웃돌아 시초가가 형성되었지만 크게 무너지면서 회복할 기미도 없이 그대로 장대음봉을 만들었다. 투자자에게 바람직하지 않은 악재가 발생해 매도 주문만 쇄도하고 있다. 투자자의 상승에 대한 기대가 무너진 후에도 매도 주문이 지속적으로 들어온다.

◎ 실제 사례

다음 차트는 니혼테레비방송망(日テレ)의 주봉이다. 2000년 2월 마지막 주부터 '상승장의 흑삼병'이 나타나면서 일단 천장을 형성했다(220쪽 참조). 3월의 주식 분할 이후 일단 추가 상승세를 보였지만 5월 둘째 주의 장대음봉이 지난주의 양봉을 품으면서 고가권에서의 '양봉을 품은 장대음봉'이 등장해 이중천장✦을 형성했다. 1999년부터 이어져 온 상승세에 종말을 고한 모습이다.

✦ **이중천장** 상승장이 일단 하락으로 전환된 후에 다시 상승세를 보이기는 했지만 곧바로 하락으로 전환되면서 만들어진 두 번째의 천장을 의미한다.

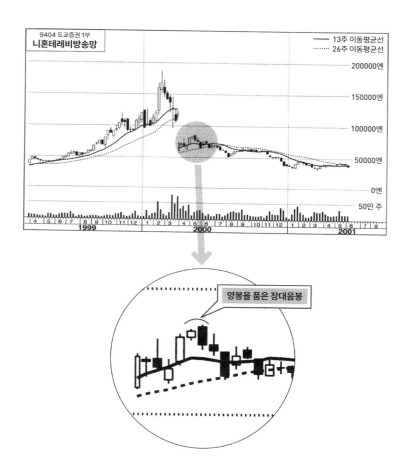

양봉을 품은 장대음봉

"보유 주식을 매도해 이익을 실현하는 것을 권한다."

12. 연속 음봉 후의 반격

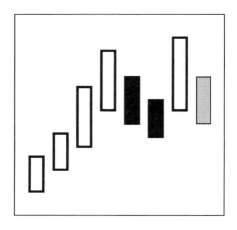

◎ 캔들의 특징

'연속 음봉'은 상승장 도중에 지난주 양봉의 종가보다 낮은 종가로 음봉이 형성되고 그다음 주도 음봉이 되는 모양의 캔들이다. '연속 음봉 후의 반격'은 이 연속 음봉이 만들어진 다음 주에 갑자기 장대양봉이 세워진 형태를 의미한다.

◎ 매수자의 행동과 심리상태

지금까지 매수에 나섰던 투자자들은 크게 실망해 상승에 대한 기대가 적어지면서 이익 실현을 위한 매도를 시작한다. 그런 상황에서 갑자기 나타난 장대양봉에 안도감을 느끼는 투자자도 있다.

◎ 상황 분석과 시세 암시

이런 캔들 형태의 뿌리에 존재하는 사고방식은 '하락 음봉을 품은 장대양봉'과 비슷하다. 고가권에서 이익 실현을 위한 매도 등이 들어와 음봉이 연속으로 발생하면서 시세는 천장을 형성하는 과정에 있었다는 사실을 알 수 있다. 시세는 급격히 상승해 장대양봉을 세웠다.

대량으로 되사는 경우나 소문 등의 영향을 받아 일시적으로 대량 매수가 들어오는 경우 등을 가정할 수 있는데 그 후 투자자로부터의 지속적인 매수 주문이 시세를 지원해주지 않는 한, 주가는 유지되기 어려울 수밖에 없다.

일부 투자자는 매수에 나서 보지만 시장은 장대양봉이 나타나기 전부터 이미 공급 초과 상태에 있었기에 시세에 특별한 상승이 보이지 않는 한 투자자들의 매도 주문은 더욱 강해져 하락으로 전환된다.

◎ **실제 사례**

다음 차트는 스미토모임업(住友林業)의 주봉이다. 2000년 7월 마지막 주의 긴 꼬리 양봉에 이어 '잠자리형 십자선'(72쪽 참조)이 나타난 이후, 8월 둘째 주와 셋째 주에 연속 음봉을 만들었다. 넷째 주에는 장대양봉을 세우는데 이것이 '연속 음봉 후의 반격'이 되어 그 다음 주에 장대 음봉이 형성되면서 시장은 기세를 잃고 하락세로 전환되었다.

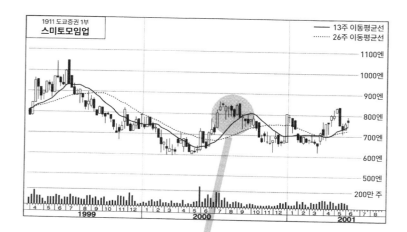

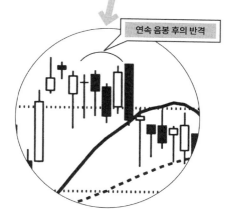

연속 음봉 후의 반격

"보유 주식을 매도해 이익을 실현하는 것이 바람직하다."

13. 갭 상승 혼전 후 장대양봉

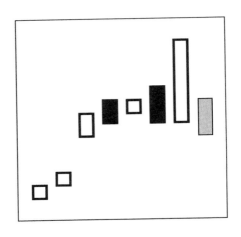

◎ **캔들의 특징**

상승장 도중 갭 상승해 거래 수준이 한 단계 올라가 혼전을 보이던 도중, 장대양봉이 세워진 모양을 가리킨다.

◎ **매수자의 행동과 심리상태**

갭 상승 후, 한 차례 더 상승을 기대하는 투자자의 매수와 이익실현을 노리는 투자자의 매도가 교차되면서 혼조세를 보이는 상태지만, 이어 나타난 장대양봉을 보며 투자자들은 안도하게 된다.

◎ 상황 분석과 시세 암시

갭이 발생하면서 주가는 더욱 상승했다. 새로 매수하는 투자자도 다수 존재하지만 이후 시세는 단번에 급등하는 모습을 보이지 않기 때문에 매수 주문과 비슷한 규모의 이익 실현을 위한 매도세가 들어오고 있다.

한편, 한동안 혼전이 이어진 후(통상 갭이 발생한 이후 5주에서 7주째에) 장대양봉이 섰다. 이것은 신중한 투자자들이 "현재의 거래 수준은 고가권에 있기는 하지만 더 상승할 여력이 있다"라고 판단해 신규 매수에 나선 경우나 단기 투자자들이 예상 이상으로 시장이 하락하지 않는 모습을 보고 이를 고점으로 인식해 매도(숏) 포지션을 취한 경우, 단기 투자자가 매도 잔고를 청산하기 위해 되사기를 실행한 숏 커버링 매수의 경우에 흔히 볼 수 있는 현상이다. 그런데 갭 상승 이후의 혼전 중에 신규 매수와 이익 실현을 위한 매도 등이 교차하면서 시장 전체의 평균 매수 가격은 상당히 위쪽에 형성되어버렸다.

덧붙여, 장대양봉이 나타났을 때의 신규 매수나 매도 잔고를 보유한 투자자의 되사기에 의해 시장의 매수 잔고(롱 포지션)는 한층 더 증가했다. 그 후, 시세가 특별히 상승하는 모습을 보이지 않는 한, 하락할 가능성이 매우 높다.

◎ **실제 사례**

다음 차트는 야마타케(山武)의 주봉이다. 2000년 5월 셋째 주에
갭 상승 역망치 양봉이 세워진 후 상승, 혼전을 보이다가 6월 넷째
주에 장대양봉이 출현, '갭 상승 혼전 후 장대양봉'이 발생했다. 그
후, 시세는 한 차례 더 상승했지만 눌림 현상을 견디지 못하고 급락
하면서 조정되었다.

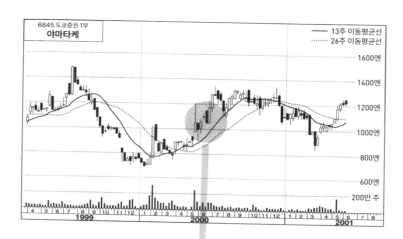

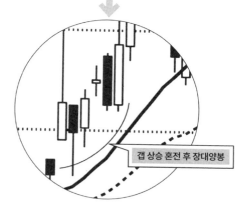

갭 상승 혼전 후 장대양봉

"장대양봉이 나타난 다음 주에 보유 주식 일부를 매도해
이익을 실현하는 것이 바람직하다. 일반적으로 갭이 발생하기
직전 수준 정도까지 조정되는 모습을 지켜보는 것이 좋다."

14. 갭 상승 장대양봉 후 나타난 장대음봉

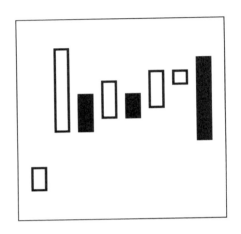

◎ 캔들의 특징

상승장 도중, 갭 상승으로 인해 장대양봉이 세워지고 한동안 고가권에서 혼전을 벌이다가 위쪽에서 장대음봉이 형성된 모양을 의미한다.

◎ 매수자의 행동과 심리상태

갭 상승 이후 한층 더 상승을 기대하는 투자자의 매수와 이익을 확보하려는 투자자의 매도가 교차한다. 그러나 장대음봉이 발생하면서 투자자의 상승에 대한 기대감은 급속도로 위축되면서 결국 실망하게 된다.

◎ 상황 분석과 시세 암시

갭 상승 장대양봉이 발생했음에도 투자자들이 기대했던 정도로는 시세가 상승하지 않았다. 신규 매수 주문 등이 들어오는 한편 이익 실현을 위한 매도에 나서는 투자자도 있어 시장의 수급은 균형을 이루게 되었다.

이런 경우, 일반적으로는 5주에서 7주째에 어느 한쪽으로 기울기가 정해지는데 상위에서 장대음봉이 나타나면서 시세는 하락한다.

매매가 교착된 상태에서 혼전을 벌이는 기간 중에 시장 전체의 평균 매수 가격은 대폭 위쪽에 형성되어버렸다. 장대음봉이 출현하면서 투자자의 상승에 대한 기대감은 위축되어 그 후에는 이익을 실현하기 위한 매도 주문이 급속하게 증가한다.

◎ 실제 사례

다음 차트는 나이스(ナイス)의 주봉이다. 2000년 4월 마지막 주에 갭 상승 장대양봉이 세워졌다. 그 후 5주 동안 혼전을 거친 후 다시 장대양봉이 나타났지만 다음 주에 위쪽에서 장대음봉이 형성돼 '갭 상승 장대양봉 후 나타난 장대음봉'이 발생했다. 7월 상반기에 잠깐 상승하는 모습을 보이기는 했지만 결국 시세는 하락 국면으로 전환되었다.

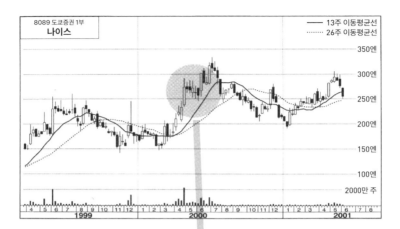

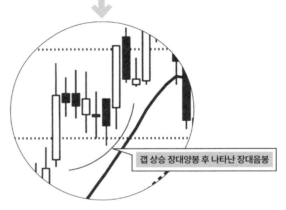

갭 상승 장대양봉 후 나타난 장대음봉

"장대음봉이 출현한 다음 주는 보유 주식을 매도해
이익을 실현해야 하는 국면이다.
일반적으로 시세는 갭 상승 직전의 수준 정도까지 조정된다."

　　　　　　　　　　　　　　　캔들차트 사용설명서

CHAPTER 05

천장을 찍은 뒤
하락 국면에서 탈출하는 캔들

1. 찔러 넣기

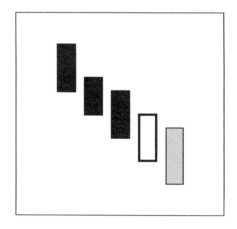

◎ 캔들의 특징

하락장에서 음봉이 연속으로 출현하고 있을 때 지난주의 종가보다 아래쪽에서 시초가가 형성되었다가 그 지난주 음봉의 몸통 안으로 주가가 상승한 양봉 모양이다.

◎ 매수자의 행동과 심리상태

투자자는 음봉이 연속적으로 발생하는 모습에 크게 실망한다. 그럴 때, 양봉이 서면서 안도감을 느끼고 시장의 반발을 기대한다.

◎ 상황 분석과 시세 암시

주가가 바로 전 고가에서 아래쪽으로 내려온 직후에 시세가 천장을 때렸다고 단언할 수 있는 투자자는 매우 드물다. 투자자들은 시세가 다시 상승할 것을 기대하고 그 향방을 지켜본다. 투자자에게 있어서 가장 바람직한 가격 변동은 짧은 시간에 주가가 크게 상승하는 것이니까 단위기간당 수익률 변화는 시세의 향방을 좌지우지하는 중요한 요소다.

상승장이 길게 이어진 후의 연속 음봉은 단위기간당 수익률을 마이너스로 억누르기 때문에 투자자에게 이익 실현을 위한 매도 등을 재촉하는 결과를 낳는다. 한편, 이렇게 해서 주가는 하락하지만 때로 적정가격이라고 생각해 매수세가 들어오면 시세는 일시적으로 상승하는 경우가 있다. 그러나 시장에 존재하는 매수 잔고(롱 포지션)는 크게 감소하지 않았기 때문에 시세가 회복되는 국면에서 매도 주문이 강하게 들어오면서 결국 하락 쪽으로 기울어진다.

◎ **실제 사례**

다음 차트는 에자키그리코(グリコ)의 주봉이다. 1999년 9월 첫째 주의 양봉이 '찔러 넣기'가 되었다. 시세 상승을 노리기에 캔들 모양은 여전히 무거워 보인다. 결국 주식은 하락해버렸다.

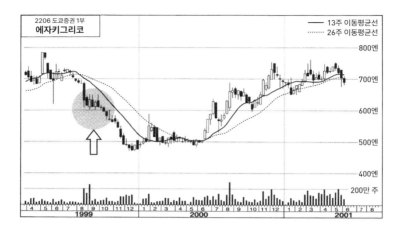

"이 양봉이 등장하면 보유 주식을 처분하는 것이 바람직하다."

캔들차트 사용설명서

2. 갭 하락 적삼병 후 장대음봉

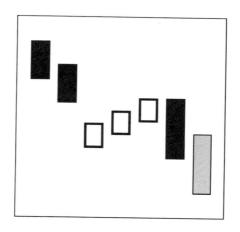

◎ 캔들의 특징

지난주의 종가에서 갭 다운으로 출발해 시간이 지나며 하락 시세에 역행해 양봉 세 개가 연속으로 나타났지만 다음 주에는 다시 장대음봉이 세워지는 일련의 과정을 의미한다.

◎ 매수자의 행동과 심리상태

하락 도중의 갭 다운 발생은 투자자에게 실망과 불안을 안겨준다. 그 후 양봉이 3연속으로 나타나면서 냉정함을 되찾지만 다음 주에 장대음봉이 세워지면서 공포에 휩싸인다.

◎ **상황 분석과 시세 암시**

시세가 하락하는 도중에 투자자에게 불안을 안겨주는 소문 등
이 흘러나오면 매도 주문이 쇄도해 주가는 크게 하락한다. 그러나
소문이 공식적으로 부정되면 투매에 나섰던 투자자들이 되사거나
일부 투자자들이 새로 매수하기 때문에 일반적으로는 시세가 약간
회복된다. 이렇게 해서 연속 양봉이 세워졌으나 매수세가 한 차례
순환한 뒤에 시세 회복을 기다리고 있던 투자자들이 대량으로 매
도하면 시세는 다시 하락으로 전환된다.

그 후, 소문 등이 공식적으로 부정되고 시세를 회복하기 시작한
수준(첫 번째 양봉)까지 하락하면 적정가격이 형성되었다고 보고
눌림목 매수가 들어올 수도 있다. 하지만 시장에 존재하는 매수 잔
고(롱 포지션)는 주가 하락과 반대로 증가했을 가능성이 있어 시세
가 하락할 확률은 한층 더 높아진다.

◎ **실제 사례**

다음 차트는 아마노(アマノ)의 주봉이다. 2000년 11월 둘째 주의
역망치 음봉이 형성된 다음 주에 크게 갭 하락을 보이면서 양봉이
섰고 이후 두 개의 양봉이 더해져 3연속 양봉을 만들었다. 12월 셋
째 주에 장대음봉이 들어서면서 시세는 한층 더 낮아졌다.

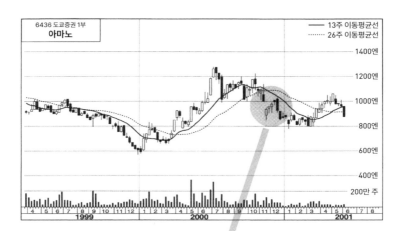

6436 도쿄증권 1부
아마노

—— 13주 이동평균선
······ 26주 이동평균선

1400엔
1200엔
1000엔
800엔
600엔
400엔
200만 주

4 5 6 7 8 9 10 11 12 | 1 2 3 4 5 6 7 8 9 10 11 12 | 1 2 3 4 5 6 7 8
1999 **2000** **2001**

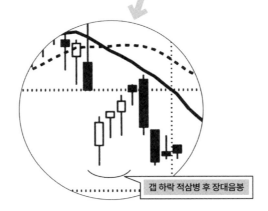

갭 하락 적삼병 후 장대음봉

"보유 주식을 일단 매도하는 것이 무난하다."

3. 하락삼법

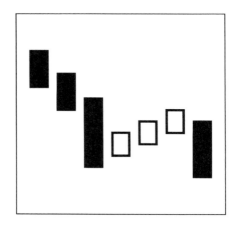

◎ 캔들의 특징

하락장 초기 단계에서 장대음봉에 이어 양봉 3개가 연속으로 나타난 다음 주, 다시 장대음봉이 세워지면서 단번에 양봉 3개보다 밑도는 종가를 형성하는 일련의 과정⁺을 의미한다.

✦ **양봉 3개를 밑도는 종가** 단, 세 번째 양봉의 종가는 첫 장대음봉의 고가를 웃돌지 않아야 한다(웃돈다고 해도 약간 정도)는 것, 그리고 두 번째 장대음봉의 종가는 첫 번째 양봉의 시초가를 밑돌아야 한다는 것이 조건이다.

◎ 매수자의 행동과 심리상태

하락장이 이어지는 도중, 투자자의 매도세가 높아지면서 어쩔 수 없이 매도 주문을 넣었다. 그럴 때, 양봉 3개가 연속으로 세워진다. 투자자의 하락에 대한 불안함은 어느 정도 엷어지고 안도감이 싹트기 시작한다. 하지만 다시 장대음봉이 나타나면서 투자자를 절망의 늪으로 내몬다.

◎ 상황 분석과 시세 암시

투자자들의 매도 압력이 증가하면서 시세는 하락세가 더욱 빨라져 비교적 커다란 음봉을 연속으로 발생시켰다. 시세가 고가에서 일정한 수준까지 내려오면 눌림목 매수 등이 시세를 약간 밀어 올리는 경우가 있다. 3연속 양봉은 이렇게 해서 탄생했다고 생각할 수 있다. 또, 세력이나 단기 투자자가 일시적으로 되산 것이라고 추측할 수도 있다.

한편, 여기에서 중요한 점은 양봉 3개가 장대음봉을 뛰어넘지 못했다는 것이다. 즉, 하락 도중에 3주간이나 상승 시세를 보여주었는데도 마지막 주의 종가조차 직전의 장대음봉의 고가를 뛰어넘을 수 없었다는 것을 보면 반발력이 매우 약하다는 사실을 알 수 있다. 뒤집어 생각하면 시장에 여전히 커다란 매도 압력이 잠재적으로 존재하고 있다는 뜻이다. 이어서 등장한 장대음봉은 투자자가 남에게 뒤질세라 투매를 해서 나타난 결과다.

◎ **실제 사례**

다음 차트는 내셔널주택산업(ナショ住)의 주봉이다. 1999년 9월 셋째 주의 장대음봉이 뒤이은 십자선과 두 개의 양봉을 품어 '하락 삼법'을 만들었다. 그 후, 시세는 크게 하락했다.

1924 도쿄증권 1부
내셔널주택산업

— 13주 이동평균선
······ 26주 이동평균선

1100엔
1000엔
900엔
800엔
700엔
600엔
500엔
200만 주

하락삼법

"보유 주식을 매도해 이익을 실현하거나
손절매를 하는 것이 바람직하다."

4. 삼형제 때리기

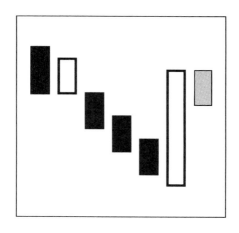

◎ 캔들의 특징

하락장 도중에 갑자기 직전 3주간의 가격을 모두 감싸버리는 장
대양봉이 나타나는 모양을 의미한다.

◎ 매수자의 행동과 심리상태

투자자의 실망이 커짐과 동시에 매수 잔고(롱 포지션) 해소를 위
한 매도도 발생한다. 그럴 때, 장대양봉이 세워지면 시세가 바닥을
치고 오르리라는 기대를 품게 된다.

◎ 상황 분석과 시세 암시

장대양봉이 서는 계기가 된 재료의 질에 따라 시세는 다르게 전개된다. 전혀 예상하지 못했던 재료면서 시장 참가자들에게 그 종목의 본질적 가치를 계속 밀어올릴 수 있다는 호감을 줄 수 있는 내용이라면 매수 주문이 들어와 시세는 상승한다.

한편, 장대양봉이 단순한 소문에 의해 세워졌거나 후에 공식적으로 부정되는 경우나 공매를 위해 지금까지 주가를 밀어 올린 단기 투자자가 단번에 매도 잔고를 되사면서 장대양봉이 발생했다면 그 후에는 지속적인 매수 주문이 들어올 가능성이 매우 낮다. 이 경우, 시세는 다시 매도 압력에 눌린다. 장대양봉이 출현한 이후, 투자자의 실망은 상승에 대한 기대로 변하지만 호재를 잘 분석한 뒤 행동하는 쪽이 무난하다.

◎ 실제 사례

다음 차트는 NTT도코모(NTTドコモ)의 주봉이다. 2001년 1월 셋째 주에 하락을 완전히 감싸버리는 장대양봉이 섰다. 장대양봉이 출현한 모습치고는 오름세가 무거워 시세는 완만한 하락 국면으로 접어든다.

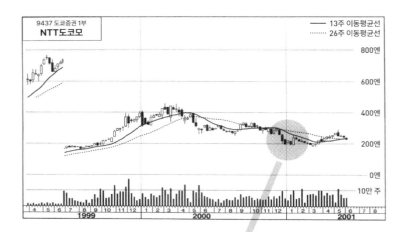

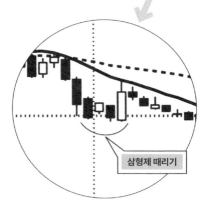

삼형제 때리기

> "시세의 반발에 자신감을 가지고 있지 않은 경우에는
> 보유하고 있는 주식을 매도하는 쪽이 무난하다."

캔들차트 사용설명서

5. 하락장의 연속 어깨띠

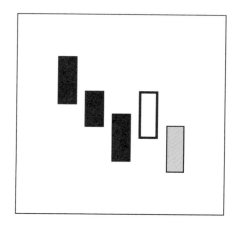

◎ 캔들의 특징

하락장 도중의 연속 음봉에 양봉이 '어깨띠'✦를 걸친 모양이다.

◎ 매수자의 행동과 심리상태

음봉이 연속으로 나타나면서 투자자의 손해가 높아질 수 있는 구간이다. 그러나 양봉이 출현하자 안도해 추가 매수하는 투자자도 있다.

✦ **어깨띠** 179쪽 참조.

◎ 상황 분석과 시세 암시

하락장 도중에 적정가격이라는 생각에 매수 주문이 들어와 시세는 일시적으로 밀어 올려졌기 때문에 양봉을 형성한 것(어깨띠를 걸친 것)이라고 생각할 수 있다. 천장을 때린 후의 하락장에서는 가끔 이런 매수 주문이 들어오면서 소강상태를 맞이하는 국면이 있는데 투자자의 매수 잔고(롱 포지션)가 상당히 남아 있기 때문에 반발은 단기간에 종료되고 다시 하락장으로 돌아가는 것이 일반적이다.

◎ 실제 사례

다음 차트는 파르코(パルコ)의 주봉이다. 1999년 10월 넷째 주의 양봉이 연속음봉에 걸쳐진 어깨띠가 되어 '하락장의 연속 어깨띠'가 나타났다. 그 후 시세는 지속적으로 하락했다.

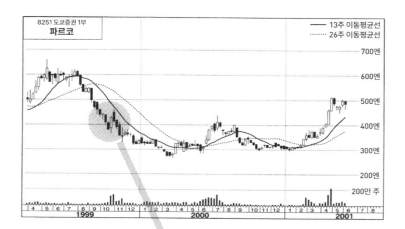

8251 도쿄증권 1부
파르코

13주 이동평균선
26주 이동평균선

700엔
600엔
500엔
400엔
300엔
200엔
200만 주

1999 2000 2001

하락장의 연속 어깨띠

"어깨띠가 출현한 다음 주는 이익 실현을 위해
보유 주식을 매도할 기회다."

6. 미끼용 장대

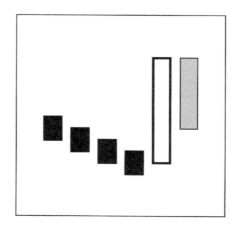

◎ 캔들의 특징

하락장 도중 뜬금없이 장대양봉이 나타난 모양⁺이다.

◎ 매수자의 행동과 심리상태

갑자기 장대양봉이 세워지면서 투자자의 불안과 실망은 어느
정도 불식되며 상승에 대한 기대가 끓어오른다.

✦ **장대양봉** 상승장 도중, 갑자기 장대음봉이 나타나는 것도 '미끼용 장대'라고 한다.

◎ 상황 분석과 시세 암시

하락 도중에 세워진 장대양봉에는 주의해야 할 필요가 있다. '삼형제 때리기'에서 해설했듯(268쪽 참조) 시세의 지속적인 상승을 뒤에서 밀어주는 근거가 있는 장대양봉이라면 긍정적으로 판단해도 된다. 하지만 특히 하락장에서는 고가에서의 매도를 노리고 헛소문을 흘리는 세력도 있기 때문에 '장대양봉의 출현＝상승세'라는 생각에 신규 매수를 하게 되면 뜻밖의 손실을 볼 가능성이 높다.

이렇게 상승한 가격은 소문이 공식적으로 부정되면 즉시 급격히 하락한다. '냉정함'이 요구되는 국면이다. 소문의 진상을 정확하게 파악한 뒤에 행동에 나서는 것이 좋다.

◎ 실제 사례

다음 차트는 다테호화학공업(タテホ化学工業)의 주봉이다. 1999년 9월 첫째 주에 갑자기 장대양봉이 서면서 '미끼용 장대'가 나타났다. 그러나 다음 주에는 거의 비슷한 규모의 장대음봉이 세워졌고 그 후 시세는 대폭으로 하락했다.

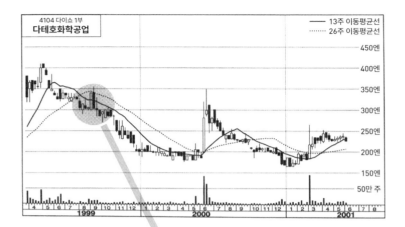

4104 다이쇼 1부
다테호화학공업

―― 13주 이동평균선
······ 26주 이동평균선

450엔
400엔
350엔
300엔
250엔
200엔
150엔

50만 주

4 | 5 | 6 | 7 | 8 | 9 | 10 | 11 | 12 | 1 | 2 | 3 | 4 | 5 | 6 | 7 | 8 | 9 | 10 | 11 | 12 | 1 | 2 | 3 | 4 | 5 | 6 | 7 | 8
1999　　　　　　　　　　　**2000**　　　　　　　　　　**2001**

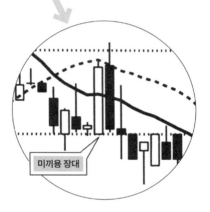

미끼용 장대

"근거 없는 장대양봉인 경우에는
이익을 남기고 보유 주식을 매도할 수 있는 기회라고 생각하는
마음의 여유를 가져야 한다."

276　　　　　　　　　　　　　　　　　　　　　　캔들차트 사용설명서

7. 하락 초기의 십자선

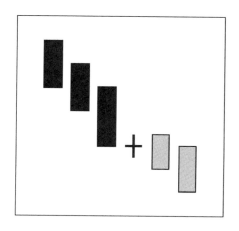

◎ 캔들의 특징

하락장 초기 단계에서 '십자선'이 나타난 모양을 의미한다.

◎ 매수자의 행동과 심리상태

일부 투자자의 이익 실현을 위한 매도 주문이 시세를 완만하게
끌어내린다. 한편, 어느 정도 하락한 지점에서는 적정가격이라는
생각에 매수 주문이 들어와 매매가 교착 상태에 놓인다. 십자선은
투자자들이 판단을 내리기 어려워 망설이고 있다는 증거다.

◎ 상황 분석과 시세 암시

시세가 천장이라는 사인이 나오기 시작하더라도 투자자는 상승에 대한 기대가 있어 대규모로 쌓인 매수 잔고(롱 포지션)가 해소되기 어려운 경향이 있다. 특히 상승에 대한 기대감을 안고 있는 투자자가 많을수록 시세의 눌림목에서는 매수 주문이 들어오기 쉽고 하락장이 시작되더라도 그 속도는 완만하다.

동시에 주가 하락에 동반해 이익을 굳히려는 투자자들의 매도 주문도 증가한다. 이런 상황에서 매매가 교착 상태에 놓일 때 십자선이 나타난다. 그러나 하락장 초기 단계에서는 시장의 매수 잔고는 그다지 감소되지 않았기 때문에 시세의 흐름은 자율적으로 불리한 쪽으로 돌아간다. 단, 저가권에서 십자선이 갭을 만들면서 나타났을 때에는 바닥을 쳤다는 징조(상승 십자선)[+]가 되기 때문에 십자선이 나타나는 위치에 주의를 기울여야 한다.

◎ 실제 사례

다음 차트는 스미토모석탄광업(住友石炭鑛業)의 주봉이다. 하락장 도중, 1999년 10월 첫째 주에 연속 음봉에 이어 십자선이 출현해 '하락 초기의 십자선'이 되었다. 시세는 대폭으로 하락했다.

[+] **상승 십자선** 110쪽 참조.

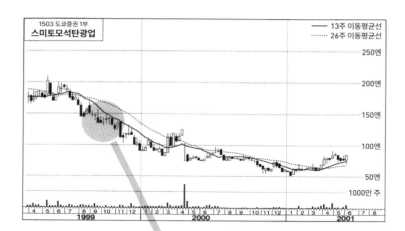

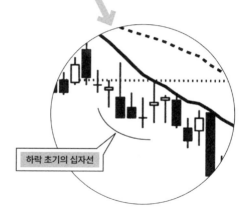

하락 초기의 십자선

“십자선이 발생한 다음 주가 음봉일 때에는
망설이지 말고 보유 주식을 매도하는 쪽이 무난하다.”

8. 갭 하락 쌍둥이 음봉

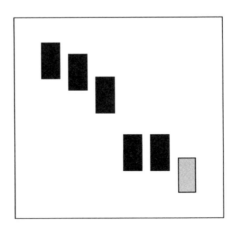

◎ 캔들의 특징

하락장 초기 단계에서 갭 하락 음봉 2개가 연속으로 만들어진 모양을 의미한다.

◎ 매수자의 행동과 심리상태

하락 도중의 갭 다운은 투자자에게 공포심을 심어준다. 다음 주도 회복은 보이지 않고 음봉으로 막을 내리면서 투자자는 절망한 상태에서 보유했던 주식을 매도하기 시작한다.

◎ 상황 분석과 시세 암시

시세가 하락 추세*에 있는 상황에서 더한 악재가 나타나 대량의 투매가 이뤄지면 갭 하락이 발생해 주가가 하락하는 경우가 있다. 또, 투자자의 '경계선에 대한 집착'도 갭 하락을 유발하는 먼 요인이 될 수 있다.*

구체적으로는 "닛케이 지수 1만 엔이 무너졌으니까 내가 보유하고 있는 주식도 처분하는 쪽이 무난하다"라는 생각 등이다. 닛케이 평균주가에 완전히 연동하는 종목은 별로 없다는 사실은 잘 알고 있다. 하지만 심리적으로 불안해 보유하고 있는 종목을 매도해버리는 것이다. 즉, 1만 엔과 같은 라운드넘버(0)가 많은 지수나 가격은 고점에서의 저항과, 저점에서의 지지 역할을 하게 된다. 예를 들어 지수가 9725라면 단기적으로 10000과 9500 수준의 라운드넘버를 각각 고점과 저점으로 인식하게 된다. 1만엔 선을 하향 돌파했다는 것은 투자자로 하여금 향후 지수(종목들의 묶음)가 당분간 약세를 보일 것이라는 예상을 하게 하기 때문에 보유 종목을 매도해

✦ **하락 추세** 베어마켓(Bear Market), 즉 자산 가격이 하락할 것으로 예상되는 약세장에서 일어나는 현상으로 다운트렌드라고도 한다.
✦ **갭 하락 유발 요인** '경계선에 대한 집착'을 미디어가 조장하는 경우도 있다. 예를 들면, "닛케이 지수 마침내 1만 엔 붕괴!"라는 식으로 상대적으로 단락적인 숫자가 하나의 경계로서 다루어지는 것으로 투자자는 무의식 중에 그 경계선이 무너졌다는 데에 심리적으로 커다란 영향을 받는다.

버리게 된다.

이렇게 해서 외적인 충격을 받은 투자자가 많을수록 매도 주문은 일제히 몰려들기 쉽고 갭 다운을 촉진한다.

연속 음봉 2개는 투자자에게 정신적인 충격을 주는 것은 당연하고 보유 자산에도 커다란 영향을 끼친다(미실현 이익의 급감, 또는 미실현 손해의 급증). 따라서 이 캔들 모양은 때로 시세를 폭락시키는 쪽으로 유도하는 경우가 있기 때문에 주의해야 한다.

◎ **실제 사례**

다음 차트는 파르코(パルコ)의 주봉이다. 1999년 9월 첫째 주에 장대음봉이 나타난 후, 하락해 다음 주와 그다음 주가 연속 음봉이 되어 '갭 하락 쌍둥이 음봉'이 형성되었다. 그 후 시세는 크게 하락했다.

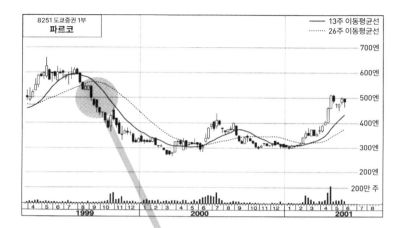

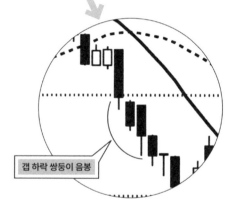

갭 하락 쌍둥이 음봉

"보유하고 있는 주식을 최대한 빨리
처분하는 방법을 검토해야 한다."

9. 하락장의 혼합 삼성

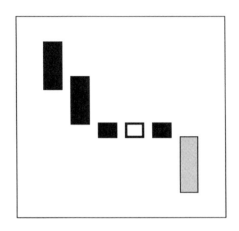

◎ 캔들의 특징

'혼합 삼성'이란 시세의 흐름이 일시적으로 멈추고 양봉, 음봉 등이 3개 연속으로 나타난 모양을 의미한다. 시세가 하락하는 도중에 나타난 경우가 '하락장의 혼합 삼성'이다.

◎ 매수자의 행동과 심리상태

하락장이 소강상태를 맞이해 투자자의 실망은 약간 완화된다. 그러나 시세가 상승세로 전환될 기색은 없어 기대감은 옅어지기 시작한다.

284 캔들차트 사용설명서

◎ 상황 분석과 시세 암시

매수 가격이 나쁜 잔고(롱 포지션)가 모여 궁지에 몰렸다. 시세가 오를 기미가 없는 이유는 투자자들로부터 이익 실현을 위한 매도 주문이 계속 들어오고 있기 때문이지만 시세의 상승을 기대하는 투자자나 현재의 주가가 적정가격이라고 생각하는 일부 투자자 등이 매수 주문을 넣고 있기 때문이기도 하다. 시세는 간신히 지탱되고 있는 상태다.

시세가 천장을 때린 후 비교적 이른 단계에서의 혼전은 매매가 교착 상태를 보이는 동안에 시장 전체의 평균 매수 가격을 끌어올린다. 또, 주가가 하락했음에도 시장의 매수 잔고(롱 포지션)는 그다지 감소하지 않는다. 투자자가 바뀌었을 뿐이다.

악재가 나타난 경우나 시세가 일정한 수준을 벗어났을 때 그동안 참아 온 투자자들이 투매를 할 가능성이 매우 높은 상태다.

◎ 실제 사례

다음 차트는 야마타케(山武)의 주봉이다. 1999년 10월부터 11월에 걸쳐 하락장 도중에 '하락장의 혼합 삼성'이 나타났다. 혼조세를 보이다가 갭 하락으로 시초가가 형성되면서 시세는 급락했다.

6845 도쿄증권 1부
야마타케

— 13주 이동평균선
······ 26주 이동평균선

1600엔
1400엔
1200엔
1000엔
800엔
600엔
200만 주

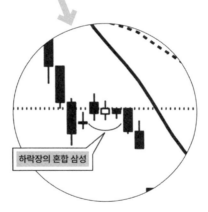

하락장의 혼합 삼성

"혼전이 펼쳐질 때 저가를 경신했을 경우에는
보유하고 있는 주식을 즉시 처분하는 전략을 검토해본다."

캔들차트 사용설명서

10. 상승장 연속 음봉

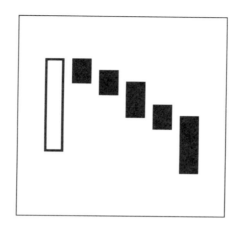

◎ 캔들의 특징

상승장 도중, 음봉이 연속으로 나타난 모양을 의미한다.

◎ 매수자의 행동과 심리상태

주가가 하락함에 따라 투자자의 상승에 대한 기대감은 크게 후퇴하고 실망에 휩싸인다. 매도 주문이 계속 들어온다.

◎ 상황 분석과 시세 암시

투자자는 성취감을 느끼는 동시에 고점에 물릴 수도 있다는 심리가 생겨 이익 실현을 위한 매도 주문이 간헐적으로 들어오기 시작한 상태다. 투매를 재촉하는 악재는 보이지 않기 때문에 매도세가 줄어들기도 하고 시세 회복을 기대하고 상황을 지켜보는 투자자도 다수 존재한다.

또, 눌림목에서는 이 지점이 적정가격이라는 느낌에서 신규 매수를 하는 투자자도 있어 시장의 매수 잔고(롱 포지션)는 시세가 하락한 것치고는 그다지 감소하지 않는다. 시세 하락 속도는 완만하지만 어지간한 호재가 지원이 되지 않는 한, 상승은 기대하기 어려운 상황이 되어버렸다.

한편 시세가 일정 수준을 밑돌아버리면 내림세가 가속화되는데 이것은 다수의 투자자들이 미실현 이익이 제로 또는 마이너스(미실현 손실)로 전환되면서 어쩔 수 없이 대량의 매도 주문을 냈기 때문이다.

◎ **실제 사례**

다음 차트는 메르코(メルコ)의 주봉이다. 2000년 4월부터 8월까지 꾸준히 상승했지만 9월 첫째 주부터 음봉이 연속으로 나타나면서 '상승장 연속 음봉'이 발생했고 결국 시세는 하락했다. 한편, 11월 셋째 주에는 급락하는 모습도 보여주었다.

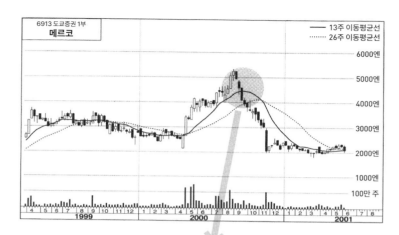

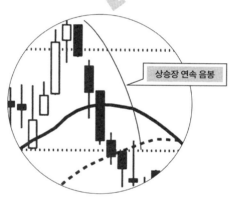

상승장 연속 음봉

"이익을 내기 어려운 국면이므로
적당한 선에서 빠져나오는 것을 고려해본다."

11. 밀어내기 음봉

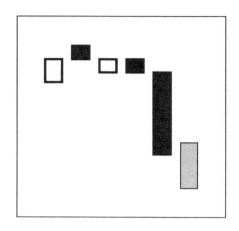

◎ 캔들의 특징

고가권에서 갑자기 '꼬리 없는 장대음봉'이나 '아래 꼬리 장대음
봉'이 나타난 모양이다.

◎ 매수자의 행동과 심리상태

혼조세가 이어진 후 장대음봉이 나타나면서 하락하게 되면 투
자자는 절망의 늪에 빠져 매도에 나선다.

◎ 상황 분석과 시세 암시

시장에 시세 상승을 억제하는 소문 등이 흘러나오기 시작했다는 점에서 이익을 실현하기 위한 매도세가 들어와 상승이 어려워졌다고 생각할 수 있다. 투자자는 소문의 진상을 확인하기 위해 상황을 지켜보기 때문에 거래량이 줄어들면서 혼조세를 형성했다.

그 후, 소문이 명확해지면서 투자자의 기대를 크게 배신하게 되고 시장에는 강렬한 부정적 충격이 가해진다. 보유 주식을 처분하려는 움직임이 가속화되어 장대음봉을 만들어냈다고 추측할 수 있다. 상승장이 한동안 이어진 후의 장대음봉은 뒷맛이 좋지 않아 투자자에게 절망을 안겨준다. 일반적으로는 시장에 존재하는 매수 잔고(롱 포지션)가 거의 해소되고 펀더멘털에 비추어 주가가 타당하다고 여겨지는 수준까지 시세 하락이 이어진다.

◎ 실제 사례

다음 차트는 야쿠르트(ヤクルト)의 주봉이다. 1999년 10월 둘째 주에 고가권에서 갑자기 '아래 꼬리 장대음봉'이 나타나 '밀어내기 음봉'이 되면서 시세는 한층 더 낮아졌다.

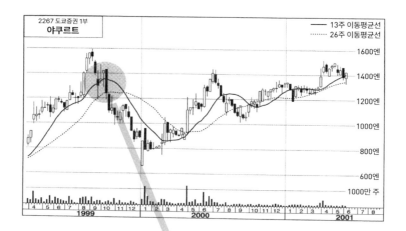

2267 도쿄증권 1부
야쿠르트

― 13주 이동평균선
······ 26주 이동평균선

1600엔

1400엔

1200엔

1000엔

800엔

600엔

1000만 주

4 5 6 7 8 9 10 11 12 **1999** 1 2 3 4 5 6 7 8 9 10 11 12 **2000** 1 2 3 4 5 6 7 8 **2001**

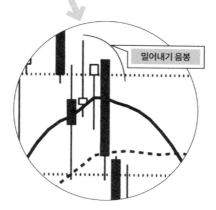

밀어내기 음봉

"신속하게 매도하는 것이 바람직하다."

캔들차트 사용설명서

고민의 순간
답을 인도해주는 캔들차트

이제까지 다양한 캔들차트를 분석해보았다. 차트의 심오한 세계를 알고 시장을 보다 깊이 이해해 앞으로의 거래에 자신감이 생기지 않았을까 싶다. 일반적인 투자자가 판단을 망설이는 국면에서도 이 책을 숙독한 독자라면 전보다 훨씬 더 냉정한 판단을 내릴 수 있지 않을까.

'이익을 실현할 것인가, 보유량을 늘릴 것인가', 또는 '참고 기다릴 것인가 포기할 것인가', 고민의 순간 캔들차트는 항상 정확한 답 쪽으로 인도해준다. 이 책이 주식 거래의 전문가를 지향하는 분들에게 지침이 될 수 있다면 정말 행복할 것이다.

캔들 심리전을
읽어야 하는 이유

『캔들차트 사용설명서』는 오래전에 충분히 시장을 경험한 실전 실무가의 역작입니다. 이 책은 (주식)시장에 처음 발을 들여놓는 사람들이 대하는 낯선 차트(캔들차트)를 현장의 모습대로 보여주면서 그 의미를 차근차근 짚어 줍니다.

밀고 밀리는 경기장에서의 흐름처럼 양봉과 음봉, 그리고 꼬리가 만들어내는 시장 투자자의 심리를 꿰뚫듯이 이야기해 줍니다. 이 책이 해외에 판권이 팔리고 여러 쇄를 찍으며 오랫동안 살아남은 이유는 그 내공이 여전히 가치 있고, 빛을 발하기 때문일 것입니다. 고전의 향기는 인간의 본성을 건드리기 때문에 그 생명력이 길고, 앞으로도 그러할 것입니다.

우리가 책을 읽는 이유 중의 하나는 앞선 경험자들의 통찰력을 배울 수 있어서입니다. 수익과 손실이라는 첨예한 전투의 현장을 캔들차트는 반영하여 그려내고 있지만, 시장에 처음 들어온 입문자는 막연하고 두려울 따름입니다. 몸통의 길이와 꼬리의 의미, 캔들의 위치를 통해 주요 터닝포인트에서 투자자들이 서로 어떻게 밀고 밀리면서 전투가 마무리되는지를, 스포츠 캐스터의 중계처럼 실감 나게 풀어 설명하고 있습니다.

분명 같은 가격대에서 누군가는 팔고 있고, 누군가는 사고 있기 때문에 거래는 일어납니다. 같은 재료지만 탐욕과 공포는 거래(수급)의 변화를 일으킵니다. 시장에서의 전투는 결국 심리전입니다. 캔들은 심리의 흐름입니다. 일정 기간에 벌어진 숨길 수 없는 시장의 모멘텀을 표현하고 있습니다. 캔들 한 개를 통해 심리를, 두 개는 예고를, 세 개 이상일 때는 시점을 읽을 수 있다고 합니다.

투자자는 이 책을 읽고 캔들이 보여주는 심리전을 독해하게 됩니다. 다만 이 책을 통해 모든 것을 다 알고 섭렵했다고 오만하게 판단해서는 안 될 것입니다. 당당함과 건방짐이 다르고, 겸손함과 비굴함이 다르듯, 묵직하게 전달받은 전가(傳家)의 보도(寶刀, 오랫동안 내려오는 가문의 칼)를 품고 자신감을 가지되 겸허하게 시장을 대하면 원금 보전과 수익은 필연적으로 따라오게 됩니다.

감수 과정에서 챗GPT도 일익을 담당했습니다. 일본에서 통용되는 시장 제도와 거래소 운영 규정과 용어 등이 우리나라 또는 글로벌 표준과 차이가 있어서입니다. 또한 우리나라에서도 같은 모양을 다양하게 칭하고 있어 어느 것을 표준으로 삼아야 하는가 하는 문제점도 있었습니다.

예를 들어, '밀어내기 음봉'(290쪽)을 두고 챗GPT에 해석을 의뢰했고 다음은 그 내용의 일부입니다. 이처럼 다양한 AI 정보를 통해 더 깊은 공부를 하실 수 있으면 좋을 것입니다.

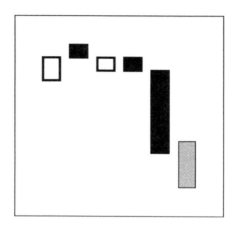

1. 첫 번째 캔들: 작고 긍정적인 양봉

- **시장 상황:** 첫 캔들은 작고 흰색(양봉)으로 마감되었다. 시가보다 종가가 높아졌지만, 큰 상승은 아니었다.

- **투자자 심리:** "시장이 살짝 반등했네? 아직 추세가 뚜렷하진 않지만, 상승세의 초기 신호일지도 몰라."

- **행동:** 일부 투자자들이 소규모로 매수에 들어가기 시작하지만, 대다수는 관망한다.

2. 두 번째 캔들: 짧은 음봉

- **시장 상황:** 두 번째 캔들은 시가보다 종가가 낮아졌지만, 큰 하락은 아니었다.
- **투자자 심리:** "음, 상승은 멈췄네. 시장이 아직 결정하지 못한 것 같아. 이건 조정일까, 아니면 더 큰 하락의 신호일까?"
- **행동:** 이전에 매수했던 일부 투자자들은 다시 팔거나, 추가 매수를 망설인다. 불확실성 속에서 대기하는 심리가 커진다.

- (이하 캔들 생략) -

이 책을 통해 캔들 해석의 기초체력을 갖추었다면, 멀티모달(Multimodal, 텍스트, 이미지, 동영상 등을 입력받을 수 있다는 의미)로 무장하여 하루가 다르게 변혁과 발전을 이루는 생성형 AI에 다양한 캔들 패턴을 해석하도록 지시할 수 있을 것입니다.

"알아야 면장도 한다"라는 말이 꼭 들어맞도록 이 책은 입문 투자자를 차분하면서도 쉽고 꼼꼼하게 캔들차트의 세계로 안내합니다. 그 과정을 거치고 나면 어느덧 강하게 무장한 스스로를 만나게 될 것입니다.

황Q로 활동하는 감수자에게도 참 많은 실전 실습 실무를 배울 수 있는 과정이었습니다. 마찬가지로 독자들에게 실전 무장의 시간이 되기를 바랍니다. 마지막으로 저자에게 경의와 감사의 마음을 전합니다.

황인환(황Q)

거래의 신이 전수하는 매매의 기술

캔들차트 사용설명서

초판 1쇄 인쇄 2025년 2월 3일
초판 1쇄 발행 2025년 2월 11일

지은이 오자와 미노루
옮긴이 이정환
감수자 황인환

발행인 선우지운
편집 이승희
표지디자인 엄혜리
본문디자인 박은진
인쇄 예인미술

출판사 여의도책방
출판등록 2024년 2월 1일(제2024-000018호)
투고 및 문의 yidcb.1@gmail.com
인스타그램 @yid_cb
유튜브 @yidcb
엑스 @yidcb

ISBN 979-11-989442-8-3 03320

종목의 추세를 살펴보고
당일의 고·저가를 예측할 수 있습니다!

블럭의 색과 크기로
간단하게 추세를 파악한다!

웨이브 추세

개장 전 예상가격과
실기간 고·저가, 캔들 예측!

팬-티스 차트

감정을 배제한 데이터 예측 기술로
종목·추세·매매타점 포착!

추세 포착과 매매에 강한 트레이딩 메이트
아임차트

미리 보는 예상 캔들표
당일 예상 시가를 입력해 개장 전부터 매매 지원

시가, 실시간 예상 밴드
실시간 가격을 반영한 상·하단 예상 타점 제공

추세전환 포착 웨이브차트
빨간, 파란 블럭의 색과 크기로 추세의 방향과 강도 파악

오늘의 공략주 제공
- 눌림목 검색 시스템 기반
- 추세전환 종목 검색
- 실시간 공략주 추출

행복한
경제독립·자립투자·슈퍼리치

www.iamchart.com

이에스플랜잇 주식회사 :: 스마트실습교육센터
서울 영등포구 국제금융로6길 30, 4F, 5F (여의도동, 백상빌딩)
사업자등록번호 : 207-87-01125 통신판매업 신고 : 제2020-서울영등포-0316호
연락처 : 1661-3165 이메일 : iamchart@esplanit.com

한발 빠른 추세전환 포착! www.iamchart.com

○○○○닉스 | 214,500 ▲ 4,500 +2.14%

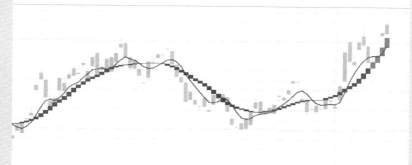

거래량 5,013,7174 (83.2%)

아임차트

실시간 주가 예측! www.iamchart.co.kr

○○제철 (000000) KOSPI

22,350 ▲800 +3.71%

시 21,650 고 22,450 저 21,450 거래량 381,205

- 예상 시가를 입력하시면 시가 관련 예상캔들의 고·저가를 조회할 수 있습니다.
- 개장전에는 전일 종가가 기본값으로 표시됩니다.

예상 시가 입력 **21650** [조회]

		예상저가	예상고가	성공 수익률 (%)
시가기준 예상표	관망음봉	21,293	21,815	2.45 %
	전일종가대비	-257	265	
현재가 기준 예상표	약세양봉	21,496	22,322	
	전일종가대비	-54	772	

아임차트M

AI가 진단하는 기술적 분석과 전망! www.ai-dataMap.com

OOOO비엠 (000000)   :: **AI 기술적분석 요약보고서**
GPT: Chart-Data-Reader
2025년 1월 20일 현재 :: 2024년 7월 22일 ~ 2025년 1월 17일

[분석 결론 요약보고서]

1. **저항선:** 134,600원(최근 고점)
2. **지지선:** 128,000원(단기 주요 지지선)
3. **손절가:** 125,000원 (리스크 관리 필요)
4. **전망:** 현재 하락 추세가 지속되고 있으나, RSI와 Stochastics 지표가 과매도 구간에 진입하여 반등 가능성을 시사합니다. 단, 강한 하락 압력이 지속될 경우 추가 하락 가능으로 접근해야 합니다.

AI데이터맵

이에스플래닛 주요 서비스

오늘의 공략주
개장전·장중 단기부터 중기까지 매일 공략주를 받을 수 있습니다.

추세확인
한발 빠른 추세전환 포착(차트)과 시그널 라인을 이용할 수 있습니다.

실시간 주가 예측
전 종목에 대한 실시간 가격 반영 예상 캔들과 상·하단 예측 가격으로 시장에 대응할 수 있습니다.

빠른 주문표
주문 시 분할배수, 분할매도를 위한 (예상) 가격표를 참조할 수 있습니다.

푸시톡
푸시톡으로 스팟시황, 이슈/뉴스, 공략 관심주를 실시간으로 알림 받습니다

아카데미
스스로 종목 발굴부터 진입과 청산을 할 수 있도록 정기 공개 아카데미에 참여할 수 있습니다.

실시간 시트 공유
아임차트에서 제공하는 각종 프리미엄 실시간 시트를 공유 받습니다.

AI데이터맵
내 포트폴리오의 관심·관련 지표를 내 맘대로 그리고 차트로 그리고 AI 분석 자료를 받을 수 있습니다.

지금 보고 있는 캔들차트의 해석과 분석이 궁금하다면?
캔들박사 에게 물어봐!

서비스 문의: 1661-3165